吴邵萍　主编

数字时代的幼儿园区域活动指导

——基于幼儿的关键经验

教育科学出版社
·北京·

出 版 人 李 东

责任编辑 徐 杰

版式设计 吕 娟

责任校对 贾静芳

责任印制 叶小峰

图书在版编目（CIP）数据

数字时代的幼儿园区域活动指导：基于幼儿的关键
经验 / 吴邵萍主编. —北京：教育科学出版社，
2019.1

ISBN 978-7-5191-1700-9

Ⅰ.①数… Ⅱ.①吴… Ⅲ.①活动课程—学前教育—
教学参考资料 Ⅳ.① G613.7

中国版本图书馆 CIP 数据核字（2018）第 221459 号

数字时代的幼儿园区域活动指导——基于幼儿的关键经验

SHUZI SHIDAI DE YOU'ERYUAN QUYU HUODONG ZHIDAO——JIYU YOU'ER DE GUANJIAN JINGYAN

出版发行	教育科学出版社	市场部电话	010-64989572
社　　址	北京·朝阳区安慧北里安园甲 9 号	编辑部电话	010-64989386
邮　　编	100101	网　　址	http://www.esph.com.cn
传　　真	010-64891796		
经　　销	各地新华书店		
制　　作	永诚天地		
印　　刷	保定市中画美凯印刷有限公司		
开　　本	184 毫米 × 260 毫米　16 开	版　　次	2019 年 1 月第 1 版
印　　张	14.25	印　　次	2019 年 1 月第 1 次印刷
字　　数	220 千	定　　价	580.00 元（含 U 盘）

编委会成员

主 编

吴邵萍

作 者

健 康 区

张 琴 李 玮 马 岚 黄丹婷 郑舒月

语 言 区

陈德玲 陶 蓉 冯甜甜 徐 琦 蒋娇娇

科 学 区

胡 蓓 龚梦缘 顾婷婷 徐 鹏 成 媛（配音）

数 学 区

尚蒙妮 马潇潇 张伉俪 顾婷婷 成 媛（配音）

音 乐 区

徐雯雯 秦 蓉 许宇翔

美 术 区

刘 晶 姜 杨 谢 宁 徐 蓓（配音）

序

　　区域活动满足了幼儿个性化、差异化学习的需要，为了让一线教师能够了解它的特点，掌握它的组织方法和规律，主动发挥其在幼儿学习与发展中的作用，我园自20世纪90年代至今，不断根据教师的需求，尤其是新教师在组织区域活动时的难点展开研究。

　　2015年12月，我园出版《幼儿园开放性区域活动指导》（2—3岁、3—4岁、4—5岁、5—6岁）时，我们主要帮助教师理解何为区域、区域学习与集体学习的区别、每个区域的建构与指导，重点介绍了健康、语言、科学、数学、音乐、美术六个区域，并且从每一个区域的价值、环境创设、规则的建立、材料和内容、教师指导和每个区域案例分析来撰写，其目的是引领教师知道从哪些维度去创设每个区域，如何去组织开展每个区域的活动。此阶段成果帮助教师建构了区域的概念，知道了如何去建构区域以及组织区域活动。

　　此书受到了广大一线教师们的欢迎与肯定，在我与教师们分享交流时，大家都告知我，其实区域活动的价值他们都清楚，但是为什么理论上明白的事，大家在实际中都不做或者做得不到位，只是在上级检查或同行参观时，做一下，俗称"摆摊子"呢？这是因为区域活动的组织和实施对于一线教师有一定的难度。首先是由于师生比问题，教师日常工作负担重；其次是因为各个区域活动的内容和材料需要不断根据幼儿的不同需求进行更新，教师们既不知道提供哪些材料和内容是适合幼儿的，又不知道材料可以发展幼儿的哪些核心经验，材料之间的关系是怎样的……所以，大家在实际工作中自然选择了放弃。大家看了我们的书后，认为非常好，同时，也提出了以下两点希望：

第一，能否将全学年的各个区域活动的内容和材料按照开展顺序，有层次地全部写出来。

第二，能否将全部区域活动都以彩色图片的方式呈现，方便教师直观快速地理解、学习并运用。

为了进一步解决教师们的以上困难，帮助他们更加主动积极地组织和实施区域活动，我们撰写了本书，并拍摄了相关视频，制作了微课。

本书内容分为健康、语言、科学、数学、音乐、美术六个区域，每个区域包括3—4岁、4—5岁、5—6岁三个年龄段，将幼儿在园的区域活动内容按照核心经验、材料使用复杂度、玩法难度以表格的方式呈现。教师不仅可以循序渐进、有层次性地了解各学年、学期的区域活动内容，而且可以一目了然地了解幼儿园区域活动的核心经验、材料选择、玩法、难度等内容。为了帮助教师们直观地理解、学习并运用，每个区域活动需要的材料、具体的玩法等都配有彩色照片。为了帮助教师拓展材料，进行因地制宜的创造性运用，我们在表格中增加了"其他说明"，在这一栏中，不仅提示教师本材料除了表中列出的玩法，能发展幼儿哪些核心经验外，还可以怎么玩，还可以发展幼儿哪些方面的核心经验等，且可以结合当地材料进行替换，因地制宜地运用。这些表格帮助教师不仅知道怎么做，还知道为什么这样做，教师们可以直接拿着用，也可以依据自己能够找到的资源进行替代。

同时，每个区域的活动汇总表按照本区域内容的组成板块来绘制。如，健康区有身心状况活动汇总表、动作发展活动汇总表、生活能力发展活动汇总表，语言区有听活动汇总表、说活动汇总表、读活动汇总表、写活动汇总表，科学区有生命科学活动汇总表、物质科学活动汇总表、地球与空间科学活动汇总表，数学区有数与量活动汇总表、形状与空间活动汇总表，音乐区有歌唱活动汇总表、韵律活动汇总表、打击乐活动汇总表，美术区有绘画活动汇总表、手工活动汇总表。这种呈现方式不仅使每个区域的内容更加系统、结构化，而且有利于教师全面了解每个区域的内容，充分发挥每个区域活动在幼儿发展中的作用，也有利于幼儿在每个区域中找到适合自己兴趣的内容，愿意到区域中学习。

本书是对《幼儿园开放性区域活动指导》的补充和进一步拓展。内容呈现方式系列化、具体化、立体化，能有效减轻教师的压力和负担，不仅可以帮助年轻教师直接学习运用，快速组织实施区域活动，而且可以帮助教师学会层次性、序列性地提供材料，促进他们在实践中举一反三，逐渐学会独立而富有创造性地开展工作。

本书还配有每个区域的部分微课。这些微课帮助教师更加直观地了解每个区域在班级空间上是如何布置的、每个活动的内容是什么、材料是怎样的、幼儿是如何使用材料展开学习的、他们可能遇到什么困难、教师如何进行指导和引导等。教师通过观看视频身临其境地学习每个区域活动的组织和实施，从而更加快速、有效地掌握组织和实施区域活动的方法和规律。同时教师可以将微课存储在手机、平板电脑等数字化产品中，随时随地地反复学习、借鉴和创造，也更加适合教师们利用碎片化时间有效地展开学习，提高学习和备课的效率。

　　本书由我园三个年龄班的教师分别承担编写工作，由我负责全书整体框架的设计和统稿工作。

　　当然，虽然我们力图在此书和微课中，既向教师们阐述具体、直观、可操作的区域活动组织和实施的观念、策略等，又希望能启发教师们在此基础上，根据本地区的资源、本班幼儿的特点和需要，创造性地开展适合幼儿需要的区域活动。但是由于我们的能力和水平有限，我们深知此书及微课、视频中有很多不足之处，恳请各位专家和教师给予我们批评与指正。

吴邵萍

南京市北京东路小学附属幼儿园

2018 年 9 月

目　录

第四章　数学区的建构与指导

第五章　音乐区的建构与指导

第六章　美术区的建构与指导

附　录

第一章
健康区的建构与指导

一、健康区的价值

幼儿健康教育是根据幼儿的身心特点，以提高幼儿健康认识，改善幼儿的健康态度，培养幼儿的健康行为，保持和促进幼儿健康为目的的系统教育活动。

健康区活动和集体健康活动一样，是对幼儿实施健康教育的途径和载体。幼儿具有好动、喜欢模仿生活中的情节以及成人的一些劳动的特点。因此，在关注日常生活教育的同时，还应为幼儿创设健康区，以满足幼儿自由探索操作的需要。我们依据《3—6 岁儿童学习与发展指南》（以下简称《指南》）中健康领域包含的内容，重点从身心状况、动作发展、生活习惯与生活能力三个方面，创设健康区并开展活动。

1. 健康区的创设以幼儿自主选择为前提，满足不同层次幼儿的需要

幼儿的生活经验、兴趣需要、动手操作的能力存在着差异，在健康区中，他们可以选择自己喜欢的、能动手操作的材料和工具，进行探索和尝试，教师针对幼儿不同的发展水平，进行个性化的指导和帮助，满足不同层次幼儿的需要。

2. 健康区的创设以激发幼儿兴趣为基础，在游戏的过程中促进幼儿身体的协调发展

健康区的创设要以激发幼儿的兴趣为基础，在健康区中会有很多关于大、小肌肉方面的操作活动，在设计这些活动的时候，不仅要考虑到幼儿的年龄特点，还要关注幼儿的兴趣特征，避免在活动中出现生硬的基本动作练习，促进幼儿在游戏中身体各机能的协调发展。

3. 健康区的创设和生活实际相结合，促进幼儿生活能力的提高和良好生活习惯的养成

在幼儿园，具有家庭式环境的健康区，配备各种各样真实的材料、工具和设备，让幼儿在有趣及生活化的情境中与环境、材料进行充分互动，学习相关的生活技能，提高生活自理能力和交往能力，感受生活的丰富多彩，体验生活的乐趣，成为一个热爱生活，并具有基本生活能力和良好生活习惯的人。

二、健康区的环境创设（配微课）

健康区里多是与幼儿生活相关的操作活动，区域标记可选择与生活用品相关的物品或具有代表性的卡通形象。在环境创设上可突显居家感，营造家庭生活氛围。

1. 将橱柜、餐桌等家具作为环境的一部分

健康区可选择靠近盥洗间，有茶杯橱的地方；沿窗摆放适合幼儿站立操作并能储物的连排矮柜；空地中间放置铺有桌布和软玻璃的方桌；墙角处还可提供小型立式冰箱；也可提供全身镜，留有摆放日常用品的位置，方便幼儿日常的梳理。

2. 将厨具和食材等用品作为环境的一部分

根据幼儿喜好和使用频率，将频繁使用和不经常使用的料理器间隔摆放在橱柜上，避免操作时拥挤。料理器下垫上托盘，既帮助幼儿固定操作位置，又避免食材等洒落在柜面上。

各类食材和佐料分类装盒，置于柜面的收纳架上；餐具集中收纳悬挂于墙面上，既整齐又便于幼儿收纳取用，满足幼儿自由操作的需要。

3. 将操作流程和"安全公约"作为环境的一部分

将料理器的操作流程、注意事项、安全公约等以图片、符号的形式展现在墙面上，可提示幼儿明确活动流程，规范操作。

4. 将活动计划和活动记录作为环境的一部分

到了中大班，幼儿可事先报名参加"今日我主厨"的活动，明确自己的任务，了解需要准备的食材，使活动更有目的性和计划性。也可将幼儿参加活动的照片、作品及时呈现，丰富健康区的环境。

5. 将健康知识版面作为环境的一部分

班级主题活动或集体讨论的健康内容也可呈现在健康区的墙面上，帮助幼儿了解健康卫生小常识，丰富有关健康饮食、饮食文化等方面的知识经验。

此外，小班和中班的健康区，我们还留有一处空间作为幼儿的"体能运动区"，满足幼儿在区域里进行室内运动的需要。

对于小班幼儿，创设富有童趣的游戏环境，选择可爱的动物形象、卡通人物造型，能吸引幼儿积极参与，促使幼儿在区域中主动与环境互动。

> ▶ **温馨·小·贴士**
>
> 健康区的环境更要注重整洁干净、健康卫生。因此，要定期打扫，及时清洗整理，让温馨、整洁的健康区给幼儿以家的亲切感，激发幼儿积极参与的兴趣。

三、健康区的安全与卫生（配微课）

健康教育注重培养幼儿良好的生活卫生习惯，健康区要建立良好的规则，以保障幼儿在制作美食活动中的安全卫生和规范操作。

材料准备

1. 提供美食制作所需的围裙、帽子、一次性口罩、护袖和隔热手套。根据健康区活动需要可适当提供一次性口罩或可清洗的口罩。

2. 提供从正规商店购置的，适合幼儿操作使用的、安全性能强且外壳具有防烫功能的小型食物料理机。

3. 选用具有绝缘性能、防霉阻燃的电线收纳盒，便于健康区的插座和电线集中收放。

建立规则

1. 重清洁、讲卫生

参加健康区的美食制作前，幼儿要先穿好围裙、戴好帽子和一次性口罩。夏季，在烹饪美食时，可提醒幼儿戴上护袖，防止裸露的手臂被食物溅到而烫伤。活动前，教师要擦干净操作食材的桌子，提醒幼儿洗干净双手；教师可与幼儿一起清洗活动所需的餐具、工具和食材。

2. 规范操作、安全使用

操作前，由教师插好电源，打开开关，提醒幼儿一定不能碰触电源插头。过程中，引导幼儿严格按照操作流程进行操作，避免因误操作造成自身的伤害或电器的损坏。加热过程中，要提醒幼儿身体各部位都不能直接靠近和接触高温下的食物和器具；在拿取加热食物时要使用工具，必要时可戴上手套。使用电蒸锅时要将出气口朝里侧摆放，使热气喷向墙壁，避开幼儿。有些需要注意的地方，可张贴警示标记，提示幼儿小心溅落、注意电源、小心烫伤。

3. 存储食材、保持新鲜

引导幼儿将不同的食物存放于适合的地方。如需冷藏的牛奶、黄油等放入冰箱；常温贮存的蔬菜、鸡蛋放在食品架上；油、盐、糖等放在密封调料盒中，既保证食材的新鲜，也使健康区的材料摆放有序。

良好的规则建立，不仅丰富了幼儿相关生活经验，也保证了幼儿安全、卫生、有序地开展活动。

> ▶ **温馨·小·贴士**
>
> 1. 投放新料理器时，教师可示范或请家长志愿者现场演示操作方法。
>
> 2. 操作过程中有安全隐患的步骤可由教师完成，幼儿操作时教师要注意观察，及时提醒并强调安全规范操作的基本要领。
>
> 3. 制作美食的操作台要和玩其他操作游戏的操作台区分开，避免物品混淆，保证食物料理台的卫生清洁。
>
> 4. 保育老师要定期和及时清洗健康区的服装和餐具，并将其纳入班级管理，成为一项日常工作。

四、健康区的内容与材料（配微课）

健康区是对幼儿实施健康教育的又一途径和载体。我们围绕《指南》中健康领域"身心状况、动作发展、生活习惯与生活能力"等方面的内容提供健康区的活动材料，主要体现在以下四个方面。

1. 提供与幼儿生活经验相关的生活用品

我们根据幼儿的经验和年龄特点以及班级幼儿的生活需求和发展水平，在健康区中提供与生活经验紧密联系的材料，供幼儿进行操作游戏，提高幼儿的动手能力、手眼协调能力和生活自理能力。

小班：多选择适合小班幼儿小肌肉操作的材料，设计具有游戏情境的活动。如"小刺猬夹夹子""鸡妈妈扣纽扣""拉链小动物"等，使幼儿在游戏中获得发展，在玩乐中提高生活能力。

中班：多选择适合中班幼儿能加强练习生活技能的工具和材料。在此阶段，幼儿开始使用筷子进餐，但因操作不熟练会影响进餐，因此，健康区里可提供各种用筷子夹物的活动，提供机会引导幼儿学习并练习使用筷子。为了满足不同幼儿的需求，多注意体现材料的层次性。初期，我们为幼儿提供专用的练习筷，等幼儿使用灵活后，再提供短而轻便的儿童筷，并利用角色游戏中的"食品"材料，引导幼儿玩"涮火锅"游戏，使幼儿在"夹菜"的过程中体验使用筷子的乐趣。可提供大小不一的软球、泡沫球、木珠、玻璃弹珠，幼儿根据自己的能力选择难度不同的材料进行操作、挑战。后期，我们和幼儿共同准备了大小不同的豆子，玩"夹豆子"比赛，促使幼儿熟练使用筷子，激发他们不断参与挑战的兴趣。

大班：随着幼儿生活能力的提高，家庭生活中常见的适合大班幼儿的生活用品都可作为健康区的操作游戏材料。我们购置了适合幼儿操作的小型编织机，利用各种毛线、绳子、松紧带等，引导幼儿在健康区中自由编织小包、围巾、帽子等。还自制了简易编织器，引导幼儿利用废旧物学习编织帽子、纸盘花、毛线相框等。在操作中幼儿感受到自制生活用品带来的乐趣。

2. 选择与烹饪美食相关的材料

对于幼儿而言，生活中离不开"吃"，能够在区域中自己动手制作美食，更是深受他们的喜爱。

小班：我们根据季节特点提供适合小班幼儿自己简单动手操作后就能够品尝到的美食。同时，为了控制幼儿的食量，健康区中提供点卡或数卡提示幼儿吃适量的食物。

中大班：可投放一些安全性能高、操作步骤简单的小型料理器，选择适宜适量的食材，引导幼儿在健康区中进行各种美食制作活动，如棉花糖机、蛋卷机、松饼机、爆米花机等，体验家庭式烹饪，制作各种美味的食物，丰富幼儿生活经验，在烹饪中获得成果，在分享美食中感受动手操作的乐趣。同时，也促使幼儿对教师有意提供的食材，从陌生到熟悉，逐步接纳不挑食，进而养成良好的饮食习惯。

3. 提供关注身体健康的材料

大班阶段，引导幼儿关注自己的身体变化有助于增强幼儿的自我认知。我们提供了儿童视力表、卡通身高表、电子秤，引导幼儿通过相互测量和记录，了解自己和他人的身体变化，并通过监测和调整，逐步养成良好的生活方式，关注身体的健康生长。

4. 提供大肌肉运动的材料

我们根据小班阶段的动作发展目标，提供适合幼儿室内运动的材料，满足小班幼儿动作发展的需要和锻炼的兴趣。我们利用室内空间，自制"鳄鱼通道"，幼儿可自由钻爬。可购置不同的小型器械，如扭腰器、健身车等，教师可自制运动器材，如打怪兽、蹬滚筒等。每个月，班级之间轮换使用，使幼儿在室内、在健康区中也能得到锻炼，不仅促进了小班幼儿大肌肉动作的发展，也激发了他们积极参与运动的兴趣。

健康区是幼儿生活活动的有益场所，在这里，各种生活用品、常见材料锻炼了幼儿的动手能力，提高了幼儿的生活能力，也发展了幼儿的运动能力。

五、健康区的活动与指导 [1]

根据《指南》，幼儿健康教育包括身心状况、动作发展、生活习惯与生活能力三方面内容，我们围绕幼儿健康学习与发展目标，确定健康区的活动内容。

案例一　健康区自主吃点心（配微课）

生活活动是幼儿园的一个主要活动，我们将吃点心的生活环节融入晨间区域活动中进行，引导幼儿在健康区中自主吃点心，增强幼儿的自主管理意识，培养幼儿的自我服务能力，帮助幼儿养成良好的饮食习惯。

▷ **活动准备**

1. 班级里的时钟上用明显的标记标出吃点心的结束时间。

---

1 "健康区活动汇总表"见附录。——编者注

2. 健康区放置供6—8人吃点心的方桌和椅子。

3. 桌子中间放置"提示牌"，小班用点卡，中大班可用数卡，提示幼儿每天吃的点心量。选择轻巧的玻璃豆浆壶、扁平的点心盘、餐巾纸呈十字形摆放在桌上，方便坐在桌边的幼儿取用。放豆浆壶的桌面上可做上标记，以便幼儿拿取后知道归放原位。

▷ **活动指导**

幼儿吃点心，需要教师的观察指导，以帮助他们养成良好的习惯。

1. 在健康区自主吃点心之前，教师可与幼儿集体讨论，通过问题引导幼儿了解以下内容。

（1）晨间入园后什么时间吃点心？

（2）什么时间吃完点心？

（3）吃点心前要做什么？

（4）怎么知道每天吃多少点心，倒多少豆浆？

（5）吃完点心做什么？

2. 幼儿自主吃点心时，班级保育老师可在健康区里重点观察与指导。

（1）提醒幼儿吃点心前要先如厕、洗手。

（2）引导幼儿观察时钟上的标记，根据桌边的人数，自主安排轮流吃点心。如果来得早，可先去玩其他区域的活动再吃点心；如果来得迟，就直接如厕、洗手、吃点心。教师需提醒幼儿在标记时间内吃完点心。

（3）观察幼儿是否按量拿取点心并能自己倒豆浆。如有困难，可用语言鼓励和指导。注意提供给幼儿的玻璃壶中的豆浆不要过多，以方便幼儿取倒；壶中的豆浆减少时，保育老师要及时添加。

（4）当幼儿吃完点心后，教师要注意观察幼儿是否有序放茶杯、擦嘴。

（5）临近茶杯橱的墙上可张贴记录表，用于幼儿自己记录吃点心的情况。幼儿可选择一根红色吸管插入贴有自己照片的小纸杯中，表示今天我吃过点心了。

3. 教师可在晨间区域活动结束时与幼儿分享交流，引导幼儿观察记录表，鼓励幼儿在规定时间内自主吃点心。

案例二 数字化手段在健康区中的运用（配微课）

数字化手段在健康区的运用主要体现在以下四个方面。

1. 网上视频资源的运用

在健康区中，幼儿可制作的美食涉及面很广，教师由于自身知识和能力等因素不一定都会做，但是这一类视频资源网上很丰富，教师可以遴选适宜的视频资源下载在 iPad 中给幼儿观看，如播放煎鸡蛋、自制水果拼盘等视频。幼儿可以根据自己的兴趣、需要，选择并根据相应的视频制作美食。

2. 自制微课资源的运用

班级中，幼儿人数多，多个活动区同时开放，幼儿分散在各个活动区中，教师很难指导到每一名幼儿。那如何实现教师的指导呢？我们围绕健康区活动中幼儿可能遇到的学习重点、难点、易错点及兴趣点来开发系列微课，放在 iPad 中，幼儿可以根据教师提供的微课，在保育老师的指导下进行自主学习。

如中班健康区"制作爆米花"的活动中，我们录制了"制作爆米花"的视频，放慢速度演示操作过程，并配合讲解，帮助幼儿了解制作的流程，知道材料有哪些、需要放多少、在什么时候放，等等。起初，幼儿需要边看边跟随同步制作，等到逐渐熟悉后，幼儿可根据需要选择看某段视频进行学习，也可在熟练掌握后，脱离视频独立操作。

3. 安全健康教育 APP 的运用

安全事故的情境不可重复，幼儿年龄小，不可能将其带入真实的危险情境中加以锻炼。现在有很多专门为儿童设计的安全健康教育类的 APP，这些 APP 可以让幼儿在游戏中体验诸如火灾、洪涝、地震、恐怖袭击等灾难事件。它胜过教师的说教和纯粹假想的演习，能吸引幼儿主动进行"实战"练习，从中习得正确应对灾难的行为，增强安全意识和自我保护能力。

4. 体感游戏的运用

并不是所有幼儿都爱运动，体感游戏因其游戏性和交互性，对幼儿具有极强的吸引力，幼儿通过动作与虚拟环境实现实时互动，充分激发了他们的兴趣，使他们主动积极地参与运动并保持长久的注意力。如我们利用《小红帽》的故事设计了一个"下蹲采蘑菇""跳起摘葡萄""跳上石墩过小河""投掷石头打败大灰狼"的游戏情境，幼儿通过体感游戏，在游戏情境中练习了下蹲、跳跃、投掷等基本动作，真正动了起来。

在健康区中运用数字化手段时，教师和幼儿要共同制订数字化设备使用的规则，包括时间、距离、人数的控制等，保证幼儿科学、健康、安全地使用数字化产品。

案例三　健康区吃蛋花样多（配微课）

鸡蛋是幼儿必不可少的食物，但是，很多幼儿并不喜欢吃。我们利用健康区，引导幼儿自制鸡蛋美食，激发幼儿的参与兴趣，愿意品尝用不同方法制作的鸡蛋食物。

▶ **核心经验**

了解鸡蛋的营养价值，不偏食、不挑食。

▶ **相关经验**

了解鸡蛋在加热煎煮的过程中的形态变化。

▶ **材料准备**

鸡蛋一个、空碗、小电煎锅、小锅铲、带刷子的油壶、小瓶生抽。

▶ **活动指导**

1．集中讨论

（1）为什么要吃鸡蛋？（帮助幼儿了解鸡蛋的营养价值）

（2）鸡蛋怎么吃？（引导幼儿迁移日常生活经验，了解鸡蛋的不同吃法）

（3）使用煎蛋器要注意什么？（教师与幼儿共同讨论使用电器的注意事项，进一步明确安全使用电器的规则，如不碰插头、离电器一定距离）

2．观察指导

（1）观察幼儿是否了解煎鸡蛋的步骤。如有困难，可引导幼儿观察步骤图，按照图示进行操作。

（2）观察幼儿打鸡蛋的方法，看看他们是否能将鸡蛋打到小碗里。如有困难，教师用同步操作的方式引导幼儿观察、模仿学习。

（3）当幼儿将鸡蛋打好后，教师可帮幼儿按下接线板上的电源开关。

（4）教师观察幼儿是否能安全使用电煎锅煎鸡蛋，如指导幼儿倒适量的油，用锅铲翻动鸡蛋，手不碰锅边。如幼儿不会，教师可以帮忙。

（5）当鸡蛋做好后，幼儿可将自己制作过程中的经验与全班幼儿交流，并品尝美食。

煎鸡蛋只是鸡蛋的一种做法，教师可由此拓展，引导幼儿看 iPad 上的操作视频或操作流程图，自主学习用鸡蛋制作不同的食物，如鸡蛋羹、鸡蛋饼、鸡蛋卷、鸡蛋糕。

在操作、品尝中，阵阵香味吸引着幼儿。鸡蛋美食花样多，幼儿爱上吃鸡蛋并不难！

案例四　健康区体能锻炼（配微课）

中大班幼儿的运动能力较强，运动量相对较大，户外的体育运动能提高幼儿的体能，促进幼儿大肌肉的动作发展。

小班幼儿正是大肌肉动作的发展阶段，他们开始喜欢参加一些运动，因此，在小班充满居家感的健康区里，教师在一个角落，放置适合小班幼儿进行室内运动的小型器械，不断激发幼儿参加运动的兴趣，满足幼儿大肌肉动作发展的需要。

根据《指南》健康领域的目标，确定健康区体能运动的核心经验。

▶ 核心经验

1. 具有一定的平衡能力，动作协调、灵敏。

2. 具有一定的力量和耐力。

▶ 材料准备

1. 购置自制的运动器械。

2. 健康区里提供的运动器械，首先要符合该年龄段幼儿的动作发展标准，可选购适合幼儿身高、便于幼儿在室内运动的小型器械，如儿童健身车、儿童扭腰器、儿童吊环等。

3．也可根据小班幼儿动作发展需要自制运动材料，如练习投掷的"打怪兽"材料、提高幼儿下肢肌肉耐力的蹬滚筒。

4．从安全和健康考虑，体能运动的器械可安置在健康区中的角落，靠墙的地方。应注意与操作食物的活动分开。

▶ **活动指导**

1．鼓励幼儿探索

（1）简单的器械，可鼓励幼儿自主进行探索。

（2）操作要求比较高且需要强调安全规则的运动，可请个别幼儿在集体中演示，激发同伴积极参与的兴趣。

2．观察指导

（1）提醒幼儿轮流活动。

（2）活动初期，教师需在一旁观察，及时提醒并给予适当的保护，如提醒幼儿手抓紧、用力适度等。

（3）可根据幼儿需要丰富活动形式，增加趣味性。

● 边数数边运动

幼儿在蹬滚筒的游戏中，可鼓励幼儿边数数边蹬桶，将唱数数字融入其中。

对于小班幼儿而言，吊环具有较高的挑战性，《指南》中提出，3—4 岁幼儿能双手抓杠悬空吊起 10 秒左右。因此，教师可引导幼儿自己数数来控制时间，避免悬吊时间过长，造成手部肌肉损伤。

● 边听音乐边运动

教师可提供播放器，供幼儿边听歌边踩滚筒；也可提供点读笔和歌单，每首歌的时长在 1 分钟左右，幼儿可自己选择点播，边听音乐边运动。

案例五 健康区里好吃的水果蔬菜（配微课）

▶ **核心经验**

不偏食、挑食，喜欢吃瓜果蔬菜等新鲜食品。

▷ **相关经验**

在动手操作中进行艺术创作，体验游戏的快乐。

▷ **材料准备**

1. 食物准备：当季的瓜果蔬菜（如黄瓜、香蕉、西红柿、橘子、苹果等），多选择颜色鲜艳的果蔬，激发幼儿的食用兴趣。

2. 材料准备：适合幼儿操作的塑料小刀、小勺和砧板，装水果用的大小盘子若干。

▷ **活动准备**

1. 活动前教师需将桌面、用具消毒并擦洗干净。

2. 根据当天的使用量，教师可事先将所需果蔬清洗干净并消毒，有的（如苹果）要去皮去核，切成利于幼儿操作的大块。

▷ **活动指导**

果蔬美食制作活动中，教师务必提醒幼儿活动前穿好围裙，清洗双手，冲洗所需的工具、果蔬，养成良好的卫生习惯。

小班：切切摆摆、切切榨榨

1. 小班上学期，教师可与幼儿共同参与，边观察边指导幼儿正确使用工具，关注幼儿能否安全操作。

2. 小班下学期，可以进行切切摆摆的游戏，教师可鼓励幼儿将切好的水果任意摆成自己喜欢的样子。

3. 在夏季，可选择西瓜、黄瓜、橙子等汁水多的果蔬，切成小块，教师可引导幼儿学习使用榨汁机，榨出香甜的果蔬汁。

4. 当幼儿品尝着美味的果蔬拼盘、喝着香甜的果蔬汁时，教师别忘了鼓励他们好吃的要与大家一起分享。

中班：切切拼拼、切切拌拌

1. 随着中班幼儿动手能力和认知能力的提升，教师可引导幼儿将水果切一切并拼出简单的图案。

2. 可提供 iPad，鼓励幼儿将自己的果蔬拼盘作品拍照，留作欣赏和借鉴的图片资源。

3．当幼儿切一切、拼一拼时，教师可鼓励幼儿向同伴介绍自己的作品，引发幼儿对食物的情感，再去与同伴分享品尝。

4．教师还可提供深口的小碗，盛放幼儿切好的果蔬，可倒入适量的牛奶或酸奶，用小勺拌一拌，制作果蔬沙拉。

大班：创意拼盘

1．到了大班，提供的果蔬品种可以更多，颜色也可更加丰富多彩。

2．教师可事先搜集各种果蔬拼盘的图片，供幼儿欣赏借鉴。

3．幼儿可充分发挥想象，借助果蔬的形状特点，进行创意组合，可用 iPad 自拍或请同伴拍下，既可留念又可成为健康区里果蔬拼盘的资源。

第二章
语言区的建构与指导

一、语言区的价值

学前期是幼儿语言能力发展的关键期，在幼儿园，教师不仅设计组织各种语言教育活动，并在其他领域活动中，发展幼儿的语言能力，而且越来越关注语言区的创设，在语言区进行观察和指导，努力实现其对幼儿语言能力发展的独特价值。

语言区是幼儿园利用活动室一隅，通过环境烘托、材料分布、家具隔挡等方式划分出的，用于开展与语言经验相关的各种活动的区域。也就是说，语言区里的活动始终要围绕语言学习的核心经验开展，选择幼儿感兴趣的、多样的语言活动材料及活动类型，有目的、有计划地创设语言环境，促进幼儿与材料、环境、同伴的充分互动，从而使幼儿获得个性化的语言学习与发展。

1. 语言区能积极促进幼儿对语言学习的兴趣

一个真正让幼儿喜欢的语言区必定是能满足他们的不同兴趣的场所，并且能不断激发幼儿对语言学习的兴趣。语言区的环境宽松而自由，材料多样而有趣，活动丰富而开放，幼儿可以选择自己喜欢的活动，如读读书、听听故事、讲讲故事、说说想法、记录发现等。有了兴趣的支撑，幼儿更能发挥自己的主观能动性，主动获取听说读写方面的经验，促进成就感的获得，从而增强运用语言学习和交流的兴趣，而一些原本对语言表达和交流不感兴趣的幼儿，也能通过参与语言区活动，获得积极的肯定，发展对语言学习的兴趣。

2. 语言区能充分满足幼儿在语言学习中个性化学习和发展的需要

幼儿的发展水平存在差异，他们的学习方式、学习速度各有不同。在语言学习中，有的幼儿喜欢表达而不善于倾听，有的幼儿喜欢倾听而羞于表达、交流，有的幼儿需要多次倾听才能理解，有的幼儿需要反复练习才能内化，有的幼儿需要在互动中积累交流的体验，有的幼儿需要通过模仿获得表达的经验。教师在语言区里，可以为幼儿量身定制个性化的活动，针对幼儿的个体差异进行个性化的帮助和指导，让幼儿按照自己的学习方式和速度进行语言学习，以满足不同层次幼儿的发展需要。

3. 语言区能促进幼儿社会性和个性等方面的发展

语言区宽松自由的氛围给幼儿提供了相互交流、合作的机会。幼儿可以在语言区的阅读、听故事、看视频等活动中，和教师、同伴自由地交流互动，感受交流的愉悦，学习交往的语言和方式，发展社会交往的能力。在语言区的故事表演、语言游戏等活动中，需要幼儿两两合作或多人合作，幼儿在其中学习相互理解和包容，共同商议合作的方式，增强合作的意识和能力。这些需要互动、合作的语言活动，不断增强幼儿在语言表达和交流中的自信，让幼儿敢说、乐说，也有利于幼儿个性的大胆释放。

4. 语言区给予幼儿自主选择和自主管理的机会和空间

幼儿到语言区活动，时间、内容、材料、同伴都可以自己选择，他们可以自己决定要看的图书，决定在哪个角落活动，甚至决定用这个材料还可以做什么事情，在这里，他们的心情是轻松的，他们的意愿会得到充分的尊重和接纳。幼儿除了有自主选择的机会，还能够决定一周里哪天来看书，对自己的活动进行自主安排。在语言区里，图书如何放更便于选择，指偶、头饰怎样放更整齐，电脑播放器如何使用不易损坏，这些都需要幼儿自己收放管理。因此，语言区让幼儿有机会学习管理自己的活动和物品，发展自主管理的能力。

二、语言区的环境创设（配微课）

不同年龄段语言区的环境创设有以下共同之处

1. 语言区应光线明亮、安静，相对封闭

选择活动室靠窗的一角，与音乐区、建构区等"动"的区域分开较远距离。如果自然光线不足，需要增加照明的光源。语言区需要相对安静的环境，以便幼儿静心阅读，因此，可以用幼儿的床和书柜围成比较封闭的区域。

2. 语言区应呈现多感官参与的功能区，空间大小合适

语言区有不同的活动形式，包括听、说、读、写。

在区域中使用低矮的台面、鞋柜、书柜等分割听、说、读、写的小功能区，使其相对独立又不分离。

3．语言区应相对温馨、舒适、色彩淡雅，具有审美性

语言区可以使用沙发、软垫、绿植等创设一个温馨舒适的空间，环境中所有的装饰物色彩要淡雅，整体色系要统一、协调而不凌乱，使得环境具有美感。

4．应呈现凸显语言区特色的区域标志

语言区的标志应该体现语言区的特色，因此，在素雅、温馨的底板上可以结合语言区开展的活动来设计相应的标志，如增加图书的元素、耳机的元素等。

不同年龄段语言区的环境应根据年龄特点有所区别

1．空间的划分布局不同

小班幼儿需要在视听、操作中获得经验，因此，"听""读"的区域空间应相对较大。

中班幼儿开始有和同伴交流的意愿，因此，在"读"的区域中可以将沙发相对而立。同时可以相对缩小"听""读"的区域空间，适当增加"说""写"的区域空间。

大班幼儿写、画、制作的愿望增强，如记录班级日记、写读书笔记等，这需要更多的空间来满足他们操作的需求，所以"写"的区域空间要增大。

2．材料的提供、摆放不同

小班幼儿刚入园，要适应新环境，所以语言区提供的书柜色彩要温馨，地上铺泡沫软垫，摆放柔软、色彩淡雅的小沙发和靠枕以及幼儿喜欢的动物毛绒玩具，还可以悬挂一些布书、秋千等营造富有童趣的阅读氛围。

中班幼儿开始能沉浸在精彩纷呈的图画书中，因此，可以减少绒毛玩具，增加书橱的数量。

大班幼儿即将进入小学，因此，语言区中要提供桌椅让幼儿坐着阅读、书写等，以便与小学更好地衔接。提供的桌椅高度要合适，避免影响幼儿骨骼的发育和视力。

3．墙面的设计制作不同

小班幼儿还不会有目的地寻找自己要读的图书，因此，可以在墙面上悬挂透明的书袋，让一本本图书一目了然。除此之外，对于刚入园的幼儿，阅读习惯的培养非常重要，因此，可以在墙面直观地呈现语言区的规则。

中班幼儿逐渐能关注周围环境中的事物，主动性也进一步发展，因此，墙面内容可以更为丰富，可以引导幼儿参与语言区环境创设，如布置好书推荐、阅读记录表、读书笔记等。

大班幼儿自主安排意识增强，可以留出尽可能大的空间让幼儿来设计布置，从呈现内容的选择到摆放的位置，增加他们与环境的互动。可以呈现的内容包括我的借书登记表、图书馆的约定、其他活动步骤（如天气播报员、配音秀）等。

三、语言区的规则建立（配微课）

1. 语言区总规则

（1）阅读图书的规则

《指南》中提到要引导幼儿爱护图书，不乱撕、乱扔，因此，培养幼儿良好的阅读习惯至关重要。阅读习惯应包括以下几点。

- 轻捏书角
- 一页一页地翻阅
- 安静阅读

（2）取放图书和材料的规则

语言区的许多图书和材料都摆放在书架、书柜上，一段时间后幼儿会找不到想要的图书和材料，所以在书架、书柜上做上相应的标记可以帮助幼儿养成给书找"家"的习惯。

（3）进区人数的规则

当语言区出现有趣的图书或玩具时，幼儿会蜂拥而至，因此，需要通过一些方法有效控制进区人数，保证活动的有序进行。

（4）其他活动的规则

语言区活动包括多种类型，如阅读电子书、听故事点赞、配音秀、班级日记等，这些活动都需要按步骤、规则来操作，因此，语言区规则还可以包括其他具体活动的规则。

2. 规则建立

小班

（1）规则的呈现

小班幼儿思维直观具体，爱模仿。可以在墙面上用照片呈现语言区的规则，如阅读图书时轻捏书角的规则可以直接使用幼儿捏书角的照片，这样能帮助小班幼儿直观地了解规则。

（2）规则的遵守

可以利用教师榜样、照片和脚印标记、语音提示来帮助幼儿理解并主动遵守区域规则。如：

取放图书和材料的规则可以通过在书架、书柜上贴相应的照片标记来呈现，让幼儿能够通过照片一一对应摆放。

控制人数的规则可以通过在地面上贴上小脚印的标志来呈现。

其他活动，如故事表演，小班幼儿很难协商解决问题，因此，教师可直接用录制的语音提示表演中的规则，用语言提示呈现故事表演中的每一个步骤。

中班

（1）规则的呈现

中班幼儿思维的具体形象性逐渐形成和发展，解决问题的能力也增强了。在墙面上呈现规则时可以和幼儿共同讨论，商定符号，用图加文的形式来表现。

（2）规则的遵守

教师可以利用环境的暗示、形状标记等帮助幼儿理解遵守规则。如，在收放图书、材料的柜子上分层贴上形状标记，幼儿学习根据每层的标记摆放贴有相同标记的图书、材料。

中班幼儿开始关注周围环境，所以进区人数提醒也从小班显性的脚印变成隐性的一定数量的沙发、椅子。但还是需要在地面上贴一条线让幼儿沿线摆放鞋子。

中班活动类型增多，可以开始增加两人共读的规则以及故事表演中合作的规则。

大班

（1）规则的呈现

大班幼儿虽然仍以具体形象思维为主，但是抽象逻辑思维已经开始萌芽。在墙面上呈现规则时可以让幼儿用自己的方式来表现，同时留下不断完善规则的空间。

（2）规则的遵守

大班幼儿逐渐理解数字表示的含义，也积累了一定的数序的经验，因此，可以引导他们在每本书上用数字做标记，学习有顺序地排列图书，也可以鼓励幼儿自己设计分类标记，尝试分类摆放。

大班区域人数的控制可以不再需要脚印和环境的暗示，幼儿可以自己通过观察区域中的人数来判断是否可以进区。

大班的活动形式较中班更为丰富，可以伴随开展的活动增加相应的活动规则，如修补图书的规则、借还图书的规则等。

四、语言区的活动与指导 [1]

根据《指南》，幼儿语言学习与发展目标可以分为：倾听与表达、阅读与书写准备。因此，语言区域活动中的材料可以分为听、说、读、写四个方面。

案例一　听故事点赞（配微课）

▶ **核心经验**

1. 认真听并能听懂常用语言。

2. 喜欢听故事。

▶ **相关经验**

愿意给别人的故事点赞，愿意向同伴学习。

小班

▶ **经验准备**

会使用耳机和鼠标（会根据鼠标上的标记点击）。

▶ **材料准备**

1. 讨论制定点赞规则。

2. 制作点赞墙。

---

1 "语言区活动汇总表"见附录。——编者注

3. 爸爸妈妈提前录制好故事音频，教师在 iPad 或电脑中制作好相应的故事目录，每个故事的链接使用幼儿的照片做封面。

▷ 故事的选择

1. 小班幼儿听故事时更愿意选择自己爸爸妈妈讲的故事，这样能安抚幼儿在园的情绪，因此，教师在语言区投放爸爸妈妈录制的音频故事能激发幼儿听故事的兴趣。

2. 小班幼儿的注意力时间较短，因此，家长录制的故事时长应在 3 分钟以内，内容不限。

3. 讲故事时语速中速（不要过快），讲述清楚，以便小班幼儿倾听。

▷ 活动过程

1. 幼儿将耳机戴上后，点击屏幕上同伴的照片选择故事，倾听家长讲故事。

2. 讲完后到记录墙上找到相应的同伴照片贴星、点赞。

▷ 活动指导

1. 小班初期幼儿更愿意倾听自己爸爸妈妈讲的故事，因此，在活动前教师可以带领幼儿共同倾听不同家长讲的故事。

2. 当幼儿听过一段时间的故事后，教师可以带领他们共同评价听到的故事，学习进行简单的评价。

3. 鼓励幼儿倾听其他家长讲的故事。

中班

▷ 经验准备

有讲故事的经验。

▷ 材料准备

幼儿插牌、制作好的点赞墙、同伴录制的故事音频。

▷ 故事的选择

同伴录制自己喜欢的故事。中班幼儿开始喜欢倾听同伴讲故事，并开始尝试向同伴学习。因此，在语言区投放幼儿自己讲述（表演）的故事的视频。幼儿录制视频时，教师可建议幼儿选择自己喜欢的故事进行讲述，可增加动作和音色的变化，但不强求。

▶ **活动过程**

1. 插入自己的进区牌，选择语言区。

2. 在听同伴讲故事的背景墙上插入自己想听的同伴的照片牌。

3. 在 iPad 上点击同伴的照片听故事。

4. 听完给同伴贴星、点赞。

▶ **活动指导**

1. 一段时间后，教师和幼儿共同观察点赞表并讨论，了解大家喜欢的故事有哪些，为什么喜欢，这些讲故事的人有哪些特点。

2. 鼓励幼儿尝试向同伴学习，改进和调整自己的故事，幼儿可以重新录制自己的故事并进行更换。

大班

▶ **经验准备**

了解故事有很多不同的类型。

▶ **材料准备**

1. 制作纸质目录。

2. 在 iPad 上下载相关内容。

3. iPad 和耳机。

▶ **故事选择**

下载不同类型的丰富、多元的故事。大班幼儿喜欢的故事内容更加丰富、多元，教师和幼儿可以讨论确定故事类型，如动植物类、人体结构类、地理知识类、童话类等，师幼根据确定的类型共同选择合适的故事内容。

▶ **活动过程**

1. 对应纸质目录，找到自己想听的故事。

2. 点击 iPad 打开相应的故事页面。

3. 放下纸质目录，倾听故事。

▷ **活动指导**

鼓励幼儿选择不同类型的故事倾听，拓展自己了解的图书类型。引导幼儿发现不同类型的故事的不同之处。

案例二 娃娃电台（中班 配微课）

▷ **核心经验**

愿意讲话，并能有序、连贯、清楚地表达一件事。

▷ **相关经验**

能用图画进行表征。

▷ **活动价值**

1. 发展幼儿的口语表达能力

在区域活动中，幼儿的身心是放松的，表述的对象是自己熟悉的同伴，表达对幼儿来说不是一种负担，他们更愿意主动说出自己的想法。

2. 发展幼儿自主反思和调整能力

幼儿不仅可以自主表达，而且可以在 iPad 上回看、欣赏自己和同伴的表述内容，丰富自己的表达经验，尝试进行自主反思和调整。

3. 发展幼儿初步的合作能力

在活动过程中，幼儿可以相互录制、协商交换角色录制等，录制者还可以根据"演员"表述的情况提出自己的建议。

▷ **材料准备**

1. iPad，用于视频录制。

2. 水彩笔、A4 纸，用于记录自己表述的内容。

3. 师幼共同制作电台场景，丰富游戏情境。

▷ **活动过程**

1. 插牌选择语言区。

2."演员"绘画录制提示单。(当幼儿忘记自己想要录制的内容时,可以提前将自己想要表达的内容绘制出来,给自己提供支撑)

3."演员"进入录制棚,"导演"打开 iPad。

4.录制节目。

▷ **角色选择**

当有两名幼儿同时选择娃娃电台游戏时,就可以协商分配"演员""导演"两个角色,进行合作游戏。

如果今天只有一名幼儿选择娃娃电台,游戏怎么玩呢?首先转换 iPad 镜头,使镜头对着自己,点击录制按钮;然后调转 iPad 方向,让镜头对准录制棚,自导自演的节目开始啦!

▷ **活动指导**

幼儿在游戏的过程中难免会遇到不知道说什么或是不知道怎么操作 iPad 等问题,教师可以进行以下几方面的指导。

1.观看电视台的节目视频,丰富关于主持人主持节目的经验,如观看《新闻联播》《舌尖上的中国》等旅行类、人文百科类、新闻类节目。

2.师幼共同讨论节目类别,拓展讲述内容。如念儿歌、做美食、播报身边的事情、介绍知道的生活小知识等。

3.集体学习操作程序,游戏中个别指导。

如果幼儿不会用 iPad,可在集体中与幼儿共同讨论学习,也可以在游戏中个别指导,或是发挥同伴的作用,鼓励会的幼儿去教不会的幼儿操作。

4.集体观摩讲述视频,提高幼儿讲述水平。

教师及时介入,以集体观摩、问题引导等形式,鼓励幼儿相互借鉴,学习别人的经验,提高自己的讲述水平。

案例三 配音秀(大班　配微课)

▷ **核心经验**

能根据画面中人物的动作、表情和心理活动选择合适的语言进行配音,发展幼儿的语言表达能力。

▷ **相关经验**

1. 有看视频即兴表达的能力。

2. 有理解他人情绪情感的经验。

▷ **活动准备**

经验准备：幼儿阅读过的图画书、听过的故事、看过的动画片。

材料准备：iPad、话筒。

▷ **活动过程**

1. 教师和幼儿展开讨论，了解配音秀 APP 的功能和使用方法

（1）配音秀是什么

配音秀是一款 APP，包含许多精细剪辑的动画片、电影、创意小视频的片段。视频中有不同的角色、台词，加上便捷的配音方式，受到幼儿的喜爱。

（2）内容怎么选

在大量的配音视频中，如何选择适合幼儿的配音作品呢？

在选择配音素材之前，教师首先要统筹考虑内容的适宜性，作为新呈现的内容，调动幼儿的参与兴趣是很重要的，要尊重幼儿的选择，满足幼儿性格、性别的需要，要便于幼儿使用口头语言表达。经过和幼儿的讨论，他们选出《白雪公主》《冰雪奇缘》和《黑猫警长》三部动画片，满足了不同性别、性格、兴趣幼儿的需求。幼儿将配音的内容绘制出来呈现在环境中，成为环境装饰的一部分。根据幼儿的兴趣，配音的内容也在逐渐增加。

（3）配音秀怎么玩

在怎么配音的问题上，幼儿遇到了三个问题：一是配音秀 APP 怎么操作，二是配音秀 APP 几个人玩，三是怎样让自己的声音更符合角色的需要。

①怎么操作配音秀 APP

刚刚提供配音秀 APP 时，为了鼓励幼儿主动参与配音，要降低幼儿操作中的难度。教师不仅组织幼儿集体学习配音秀 APP 的操作方法，同时也根据幼儿的提议，将操作步骤以步骤图的方式呈现出来，在每一步需要点击的地方做上标记，给幼儿提供操作提示。这样一来，即使教师不在这个区域中，幼儿也可以按照步骤图的提示，独立完成配音游戏。

②配音秀 APP 几个人玩

幼儿在讨论的过程中说，可以根据角色数量决定几个人一起游戏，如果只有一个角色就一个人玩，两个角色就两个人合作玩。

如果今天只有一名幼儿选择配音秀怎么办呢？幼儿讨论说，可以一个人扮演多个角色，改变自己的声音就可以了。

③怎样让自己的声音更符合角色的需要

在欣赏动画片原声以及欣赏同伴配音的过程中，尝试寻找支撑、迁移经验。在讨论过程中，幼儿找到很多方法，如捏着鼻子讲话以改变自己的音色，说语气词、感叹词时加入辅助动作，以满足角色的需要等。

2．提供辅助电子设备，鼓励幼儿自主操作和相互学习

（1）发送班级朋友圈

创建一个班级微信群，幼儿每天配音的内容可以自主发送到朋友圈中，爸爸妈妈能及时了解幼儿配音的情况，可以给幼儿的作品评论、点赞，激发幼儿配音的兴趣。

（2）保存相册，幼儿相互欣赏

幼儿的配音作品可以直接保存到相册中，幼儿既可以看到自己的配音作品，也能看到同伴的作品，不仅满足了幼儿随时表达的愿望，也满足了他们被倾听的愿望。

教师在指导的过程中，有以下几个注意点。

● 了解幼儿口语表达的水平，适时推进幼儿发展。

每名幼儿的发展水平不一样，教师应在了解幼儿口语表述水平的基础上给予指导，如丰富关联词、形容词的储备量，了解语气词、叹词的使用等。

● 相信幼儿，给幼儿充分的表达空间和时间，鼓励幼儿更加放松地去表达。

● 关注幼儿的问题，及时组织交流。同时，及时发现幼儿的突破性发展，通过集体交流的形式分享到全班。

案例四　我喜欢读书（配微课）

▶ **核心经验**

喜欢看图书，具有初步的阅读理解能力。

▶ **相关经验**

能按标记取放图书。

小班

▶ **内容选择**

该阶段，幼儿的思维逐步由直觉行动向具体形象发展，在直接感知具体事物时进行思维，语言经验的积累需要依靠多种感官协同作用。因此，可以选择画面主体突出、内容重复、游戏性强的图书。

1. 单页单幅画面、画面简单且主题突出、文字少或无文字的图画书，如《小蓝和小黄》、"可爱的鼠小弟"系列等。

2. 情节单一、内容重复性强，便于模仿又与幼儿的经验紧密联系的图画书，如"噼里啪啦"系列。

3. 具有鲜明的操作性和游戏性的图画书，如洞洞书《我最喜欢车子》、立体书《好饿的毛毛虫》。

▶ **活动指导**

小班幼儿需要教师激发他们的活动兴趣，使他们有看、听、说的愿望。

1. 集中讲故事，激发幼儿选择图书、阅读图书的兴趣。

2. 成人带动幼儿一起读书。

3. 提供与图书内容相匹配的视频和音频材料，如耳机、点读笔、iPad 等。幼儿根据自己的喜好进行选择，调动视觉、听觉等多种感官进行不同的阅读。

中班

▶ **内容选择**

1. 提供内容较多元、画面较丰富、形象凸出的图画书。如《糟糕的头发》，其中有各种有趣的发型，人物的表情、装扮、动作也非常形象。

2. 提供能拓展主题经验的电子阅读内容和材料。如语言区里的《昆虫躲猫猫》被幼儿反复阅读，我们在 iPad 里增加了有关昆虫的身体结构和生长变化的视频、电子书及简单的游戏，拓展幼儿关于昆虫的经验。

▶ **活动指导**

1. 推荐好书，激发幼儿进一步阅读的愿望。

2．利用区域活动后的时间进行读书交流。

大班

▶ **内容选择**

1．提供种类多样、风格多元的图书。

（1）童话类图画书，如《子儿，吐吐》《葡萄》。

（2）中国民间故事图画书，包括成语、寓言、神话等。

（3）科学图画书，如《我们身体里的"洞"》《长颈鹿好长喔》。

（4）工具书，如美术折纸、手工类图书。

（5）说明书，如电器使用说明书、玩具拼插说明书等。

（6）幼儿自制的图书，如迷你小书、班级日记等。

（7）与主题活动内容相关的图画书和资料，结合"十二生肖"主题，可提供纸质书、电子书、视频等。

2．提供拓展经验、激发探究兴趣的视频和音频材料，如人体、海洋生物等。

▶ **活动指导**

可鼓励幼儿通过读书笔记进行互动交流。

案例五 会说话的图书（配微课）

▶ **核心经验**

喜欢自己点读图书，倾听故事，模仿说简单的语句。

▶ **相关经验**

1．学习操作点读笔的方法。

2．愿意与同伴轮流操作。

▶ **活动准备**

1．投放适合幼儿年龄特点的故事书和点读笔，在按键旁贴标记，以提示幼儿按的位置。

2．将书置于开放的架子上，便于幼儿取放，有条件的话可开辟单独的小区域，以免点读声音干扰其他幼儿。

▷ **活动过程**

1．小年龄段幼儿

教师或家长录制点读故事，和相应的故事书一同做上标记。幼儿学习使用点读笔，用笔尖点击每一页上的录音贴纸。

2．大年龄段幼儿

可选择自己想要录制的故事，自己用点读笔进行录制，放在语言区中自主阅读。

▷ **温馨小贴士**

　　一本本自制的点读故事书，让幼儿随时都可以边听边看自己喜欢的图书，满足了幼儿在语言区个性化的倾听需求。教师可以利用家长资源，邀请家长一起在点读笔中录制故事，让图书会"说话"。

案例六　好书推荐（配微课）

　　好书推荐是教师、家长、幼儿在阅读过程中发现适合此年龄段幼儿、与现阶段主题相关的图书，向全班进行推荐的活动。此活动在小、中、大班都可以开展。

▷ **核心经验**

发展幼儿用叙事性语言讲述、前书写、前阅读的能力。

▷ **相关经验**

1．能用图画进行表征。

2．愿意与同伴分享自己喜欢的图书及自己的想法。

▷ **活动准备**

幼儿阅读并熟悉图书内容。

▶ 活动过程

小班

活动材料

1. 制作"好书推荐"的底板（包括推荐书目、推荐人）。

2. 推荐的图书准备 4—6 本。

3. 教师、家长照片。

活动过程

1. 小班幼儿还不理解好书推荐的含义，因此，可以先由教师和家长推荐符合此年龄段的或者幼儿感兴趣的图书，在活动中带领幼儿共同阅读，激发幼儿进一步在区域中阅读的兴趣。

2. 教师将图书直接呈现在好书推荐区推荐书目上，在推荐人处呈现教师的照片，这会提示幼儿阅读近期推荐的图书。

3. 活动过程中，教师可以用语言指导幼儿阅读推荐的图书。

中班

活动材料

1. 制作"好书推荐"的底板（包括推荐书目、推荐理由、推荐人）。

2. 图书封面若干。

3. 纸、笔。

活动过程

1. 除了教师推荐图书，还可以引导幼儿尝试推荐相应的图书，将推荐图书的封面呈现在底板上，幼儿尝试画出推荐理由，教师用文字记录并呈现。

2. 引导幼儿在集体中简单介绍推荐理由。

3. 教师引导幼儿阅读图书后进行记录，以便了解阅读推荐书目的人数。一段时间后可适当和幼儿交流各自的发现。

大班

活动材料

1. 制作"好书推荐"的底板。

大班好书推荐的形式更加多样，可以是班级个别幼儿推荐并定期更换，也可以是全体幼儿共同推荐。底板内容包括推荐书目、推荐理由、推荐人。

2．纸、笔。

活动过程

1．大班幼儿表征和表达能力均有所增强，教师除引导幼儿用图画、符号的方式来表征推荐理由外，还可以鼓励幼儿用相同的方法表征推荐书目。

2．鼓励幼儿根据自己的记录向大家介绍推荐的图书，并能有序地说出推荐书名、推荐理由、推荐人。

3．观察阅读推荐图书的人数，鼓励幼儿记录自己的阅读发现。

案例七　班级日记活动（大班　配微课）

▶ **核心经验**

发展幼儿用叙事性语言讲述的能力，包括使用丰富多样的词句讲述、有条理地组织讲述的内容、感知独白语言的语境。

▶ **相关经验**

能用图画进行表征。

▶ **活动准备**

经验准备：初步了解日记的含义，如阅读《蚯蚓的日记》。

材料准备：纸、水彩笔、iPad。

▶ **活动过程**

1．教师和幼儿展开讨论明确班级日记的相关问题

（1）班级日记记什么

在讨论中幼儿逐步从记班上发生的事情，到记自己、同伴、集体在班上发生的事情，再到自己、同伴、集体在班上发生的印象深刻的事情，如自己当选升旗手、同伴生日带来了显微镜、集体进行早操表演等。

（2）班级日记怎么记

组织幼儿讨论时教师首先应明确核心经验是叙事性语言讲述。记是为了讲述做准备，所以需要紧扣叙事性讲述的内容。叙事性讲述是用口头语言把人物的经历、行为或事情的发生、发展、变化讲述出来，要说清楚人物、时间、地点、事件和事情发生的原因以及发生、发展的先后顺序。

共同讨论后，幼儿提取了四个要素：时间、地点、人物、事件，同时将这四个要素用自己的方式表征呈现。

（3）班级日记怎么说，对谁说

班级日记需要说给别人听，如何说才能吸引听众的注意呢？幼儿的回答是要有顺序地说，要说详细、说细节。细节包括语言、人物、表情、动作、地点、心理活动、道具等。

幼儿对谁讲述自己的日记呢？在区域活动中幼儿可以说给教师听，说给同伴听，当教师和同伴都不方便倾听的时候，还可以使用 iPad 自拍录像，这样不仅能解决教师和同伴不能及时倾听的问题，还能在录制的过程中给幼儿不断调整、完善的机会。

2. 教师根据讨论提取要素、创设环境，为幼儿提供支架

教师将幼儿讨论出的怎么记、怎么说在墙面上进行呈现，为幼儿的记录和表述提供支架。同时将所有幼儿的日记进行展示，进一步激发幼儿阅读、记录的兴趣。

3. 教师在区域活动中关注幼儿的活动，提供适宜的指导，进一步推进幼儿的发展

在活动初期，幼儿几乎都是使用常见词语来描述一两个行动或事件，如"中午的时候，我在操场上和王老师一起打三毛球，我打了十几个，看我很厉害吧"，这表明幼儿还处在叙事性讲述发展的初级阶段。

在某次区域活动中幼儿突然说出一句话，"看到他们我特别羡慕，也想当升旗手"，这是幼儿在描述自己的心理活动，是一种对细节的描述。于是教师利用区域活动后的集中展示环节请该幼儿向大家讲述自己的日记。

从此，幼儿开始有意识地表达自己的心理活动，讲述时也开始有意识地描述这些细节，使讲述更加生动。

> ▶ **温馨小贴士**
> 1. 及时将个别幼儿出现的突破性发展向全班幼儿辐射。
> 2. 利用集体活动时间引导幼儿共同倾听他人的日记，进一步激发幼儿的兴趣。

第三章
科学区的建构与指导

一、科学区的价值

在《指南》中明确指出，"幼儿科学学习的核心是激发探究兴趣，体验探究过程，发展初步的探究能力"。对于幼儿来说，他们的科学学习绝不是记科学、听科学，而是实实在在地做科学，像科学家一样亲历探究的每个过程，在做的过程中发现问题、解决问题，从而获得属于自己的经验。作为教师，应为幼儿提供可探究的环境和材料，支持、鼓励、引导幼儿进行探究。

科学区作为科学教育的一种组织方式，更加开放和自由，幼儿可以根据自己的兴趣、能力，自主地选择活动内容，自主地安排探究的方式和速度，更大限度地满足了幼儿的不同需要。

1. 科学区满足了幼儿不同的探究兴趣

幼儿的天性就是爱探究，他们喜欢看、喜欢摸，更喜欢动手去操作，但是幼儿的探究兴趣各不相同。科学区恰恰为幼儿提供了这样一个探究的场所，丰富的材料为幼儿提供了自由探究的空间，幼儿在与不同材料的互动过程中，学习发现问题、分析问题和解决问题，从而不断产生进一步探究的欲望。科学区里的探究材料所蕴含的科学现象是多样的、丰富的，在这里，幼儿可以找到自己想要的答案，满足不同的探究兴趣。

2. 科学区关注了幼儿个体探究的需要

在集体活动中，教师会引导幼儿围绕一个问题、一个核心经验进行有目的地探究，这个问题和经验往往是教师预设好的。而在科学区中，教师往往将问题和核心经验隐藏在材料中，让幼儿在操作的过程中，慢慢地发现问题，教师更多的是站在幼儿的角度，让幼儿自发地探究、讨论和交流。教师在观察的基础上，了解幼儿探究的需要和发展水平，从而更有目的地提供有针对性的指导和帮助。

3. 科学区让幼儿真正去"做"科学

科学区这种形式就像一种慢生活的体验，将原本一节活动中就需要幼儿掌握的内容延长到一周、两周，甚至更长的时间中去，让幼儿有充分的时间去亲历和参与探究过程，幼儿在与材料的反复接触和操作中，不断获得新发现，产生新想法、新问题。在过程中，幼儿可以根据自己的需要和速度来安排探究活动，真正体现了让幼儿去"做"科学。

二、科学区的环境创设（配微课）

1．创设浓浓的科学味儿

科学区在氛围营造、空间布局、场地设置、物品陈列、墙面环境等方面要能较好地凸显科学区活动的特点，创设浓浓的科学味儿，吸引幼儿主动参与活动，引发幼儿的探究。

2．不同年龄段科学区的环境创设的共同之处

（1）凸显科学元素的区域标记牌

科学区的标记牌应该体现科学区的特色，在区域标记牌底板上可以增加和科学活动相关的材料或图片，如放大镜、问号、锤子等科学元素，便于幼儿通过科学元素快速辨认区域标记，明确科学区的位置。

（2）合理规划空间布局，拓展立体空间

科学区有丰富的探究材料，可利用多层的材料柜形成一定的隔挡，围合成半封闭、半开放的区域格局，形成相对独立且安静的空间。利用大桌子和小桌子为幼儿提供足够的操作桌面。

科学区的许多探索活动需要较大的空间，教师应充分利用墙面、地面、柜面等，布置立体的科学区环境。如，"垒高楼""弹珠轨道"等活动需要较大空间，幼儿可选择不妨碍他人行走的地面进行操作。

"高架桥"活动中，教师为幼儿提供了马路图案的地毯，幼儿操作前将地毯打开，结束后将地毯卷起来收放，就形成了可收放的操作空间。

玩水的活动应充分考虑地面，因此，幼儿可到走廊、户外等教师能兼顾到的安全地带去活动，不必拘泥于室内的科学区中。

除此以外，教师还可以利用纸箱、网格架，制造更多可以利用的空间。

3．不同年龄段的环境在墙面设计上的区别

（1）小班凸显材料性的墙面环境

小班幼儿有目的地选择活动的意识不强，容易被眼前的事物所吸引，更喜欢场

景化的操作环境。小班的墙面环境应凸显材料性，可以利用墙面布置活动材料。如贴于墙面的"猴子爬树"、固定于墙面的"小球滚滚"、悬挂于屋顶的"打电话""彩色的世界"等活动材料，让幼儿一进区就看到这些材料，被它们吸引。这种材料呈现方式的另一个好处是，省去了材料收放的环节，增加了操作时间，满足了幼儿充分探索的需要。

（2）中大班凸显过程性和问题性的墙面环境

中大班的墙面环境应更凸显过程性和问题性，给幼儿展示自己在活动中的思考和发现。如，刚开始玩"巴克球"时，幼儿经验不足，教师在墙面上张贴多样的巴克球造型参考图，激励幼儿积极尝试。随着活动的开展，幼儿的经验不断丰富，他们自己变化出的造型图、问题图逐渐取代了原来的图片。

● 小展板聚焦探索的步骤

中大班的一些科学活动有一定的操作步骤，利用这样的小展板可以协助幼儿记住操作步骤。

● 图加文的方式展示公约

如，"小木匠"的活动中，涉及戴手套、安全使用锯子等公约，图加文的方式能帮助幼儿用直观的方式记住需要遵守的规则，并且可以邀请幼儿在讨论的基础上自己绘画约定的标记，如"玩水的约定"中，三张幼儿绘画的公约图经过讨论、绘画，给全体幼儿留下了深刻的印象。

"我的设计"一般多出现在大班的科学区中，让幼儿提前规划，让活动更有目的性。

"我的发现""我的问题"这类幼儿绘画表征的内容在科学区环境中呈现，可以让幼儿体验展示记录图的成就感，同时通过观察同伴的记录图，交流彼此的记录图，对于幼儿的自主学习也是一种鼓励和支持。

三、科学区材料与内容的选择（配微课）

材料是幼儿科学学习的载体，是他们建构对周围世界认识的中介。在科学区，我们将科学教育的目标和内容通过材料物化，给幼儿提供操作的机会，激发幼儿的探究兴趣，引导幼儿经历科学探究的过程，初步感知和理解其中蕴藏的科学概念，为今后的科学学习打下基础。科学区材料与内容的选择需要考虑以下几个方面。

1. 考虑学科特点

幼儿阶段的科学教育主要涉及生命科学、物质科学、地球与空间科学三个方面，教师可围绕这三个方面提供材料。

生命科学中可以通过种植萝卜、饲养蜗牛、培育风信子、对动植物的生长进行观察记录等活动，引导幼儿认识生物的多样性，建立对生物的特征、生长需求、生长周期等方面内容的认知，了解生物与环境的相互作用。结合内容的特殊性，我们更多在自然角中进行此类科学活动。

物质科学蕴含着力、声、光、电、磁、热等基本科学原理。关于物质科学的探究，并不是要让幼儿了解其中的科学原理，而是通过各种活动帮助幼儿积累关于物质科学的丰富经验。教师引导幼儿探索击打一摞棋子的中间棋子，让上层棋子落下不倒的方法，来感受惯性；利用饮料瓶和管子做传声筒，感知声音的传播；学习装电池，认识连接好的电路会让灯泡发光、喇叭发声等，感知简单的光学和电学现象；摆弄磁铁，观察磁铁能隔着薄板带着铁质物体移动的现象，感受磁铁相斥相吸的现象……

地球与空间科学涉及地质学、气象学、天文学等多门学科，但对于幼儿来说，有些内容比较深奥，很难理解。因此，教师可以筛选出适合的内容，采取适合的方式，投放适宜的材料，如帮助幼儿感知沙、水、石等地球物质的特性，观察太阳、月亮的活动，认识天气的变化和气候的转换，让他们对地球空间充满好奇。

> ▶ **温馨小贴士**
>
> 对于幼儿来说，他们更多的是通过直接感知、亲身体验和实际操作进行科学学习，因此，这三方面的核心科学概念是同等重要的，教师不能因为某方面核心概念涉及的内容少，或以为幼儿不能理解而忽略。

2. 考虑年龄特点

小班幼儿的观察力还处于萌芽阶段，他们只能关注到表面的现象，同时幼儿手部精细动作发展还不完善，因此，提供的材料要操作简单、现象有趣。如"感官瓶（箱）"活动中，幼儿通过摇晃瓶子用听觉辨别米、豆子、纸屑等发出的声音，用嗅觉辨别醋、酒、麻油等液体的气味，从而意识到可以用不同的感官感知身边常见物体的特征。又如，幼儿在来回倾倒"漏漏瓶"的过程中，观察到瓶中的豆子有的漏得快，有的漏得慢，也能听到不同种类的豆子落下时不同的声音，在反复摆弄的过程中享受探究的乐趣。

中班幼儿动手能力和解决问题的能力有所增强。因此，可以提供一些可反复尝试、较易获得成功且现象明显的探究活动，增强其独立探究的兴趣和信心。如，在"垒高楼"活动中，教师收集了纸杯、瓶盖、果冻壳等材料，让幼儿在反复垒高的过程中体验控制平衡带来的挑战和成功感。又如，教师提供开锁、装电池等一些简单而有趣的探究活动，给予幼儿独立思考和解决问题的机会。再如，"滑滑梯""哪辆小车开得快"活动，提供坡道、小球、小车等材料，引导幼儿对小球和小车从不同材质、高度的坡道上滚（开）下时的不同现象进行观察比较，引发他们的好奇心，进而探究其中的奥秘。

对于大班幼儿，教师提供了更具挑战性的活动内容。如，在"不倒翁"活动中，幼儿尝试在塑料蛋壳里装不同的材料，两个半蛋壳对接做成不倒翁，在玩不倒翁的过程中观察现象。这一活动看似简单，却需要幼儿细心、耐心、专注地操作。最终收获的成功不仅满足了幼儿的好胜心理，更让幼儿看到了有趣的平衡现象，帮助幼儿积累有关平衡的经验。又如，"气球火箭"活动对幼儿的合作能力是一种挑战。幼儿发现靠一己之力无法完成该活动，就有意识地寻求同伴的配合，一人打气一人拉绳，交流"怎样让气球跑得更快"，并不断尝试，从而体验气球冲向高处带来的胜利感。

四、科学区的教师指导（配微课）

间接指导有多种方式，如创设情境、设置问题、追问反思、鼓励交流……
由于不同年龄阶段幼儿的特点各不相同，教师在科学区的指导也不同。

小班

1. 玩伴身份　共同游戏

小班幼儿仍然满足于操作动作，他们需要在教师的引导下才能关注自己的动作和现象，教师可以以玩伴的身份与幼儿共同游戏，带动、鼓励幼儿参与科学探究游戏。如，在"打电话"的科学活动中，教师手持听筒，对着话筒说："喂喂喂，有人在家吗？"自然就会有幼儿拿起听筒说："我在的，一起到我家来玩吧！"……与教师玩"打电话"的游戏。教师在游戏过程中可以进行声音高低的变化，幼儿在玩的过程中自然感知传声筒传递声音的现象。

2. 关注过程 观察同伴

对于小班幼儿来说，重要的是在操作材料的过程中不断发现有趣的现象，获得属于自己的经验。每名幼儿的关注点都是不同的，发现也是多样的。所以，在指导过程中，教师不应强求让幼儿获得相应的科学知识，应从"关注知识"的转向"关注过程"，尽可能多地为幼儿创造自主发现的机会，重视幼儿的自我学习体验。

例如，在"石头百宝箱"活动中，每名幼儿的玩法都不相同，有的敲击石头倾听声音、有的用石头摆出不同的图案、有的用石头垒高……待玩的时间长了，次数多了，观察到同伴的玩法后，交流发现后，幼儿的玩法会变得越来越多。

中班

1. 减少陪伴 适当提问

中班幼儿独立探究的意识开始增强，此时，教师可以减少陪伴，以观察者的身份观察幼儿是怎样探究的，运用了哪些方法，遇到了哪些困难。再以倾听者的身份了解幼儿的发现，对幼儿的探究给予积极的回应，帮助他们获得成功感。

例如，当教师发现幼儿在"哪辆小车开得快"活动中，仅仅满足于让小车在坡道上反复地开，而忽略了对其中现象的观察、比较和思考时，教师便有意询问哪辆车开得快，引导幼儿在玩的过程中有意识地观察。之后，教师又追问"为什么有的快，有的慢"，促使幼儿关注到坡道的材质（摩擦力）对小车下滑速度的影响。

2. 开放问题 关注提问

中班幼儿在探究活动中已经不仅仅满足于操作动作，他们更多的是对活动中的现象感兴趣。但是，此阶段的幼儿，只能发现事物的表面联系，还无法理解和解释现象产生的原因。因此，教师在引导幼儿时，不要只提"为什么"的问题，而要更多地用"你看到了什么"来引导幼儿关注现象，指导幼儿学习用"我看到……"的短句完整地表达自己的发现，用教师的问题激发幼儿持续探索的兴趣，不断积累和丰富他们的感性经验和认识。

例如，在"转动的小船"活动中，教师提出了开放性的问题"你发现了什么"，幼儿描述出"不沾水就转不起来""倾斜角度大转得就快""小片片转起来会看到完整的半个球"等不同的发现。

大班

1. 更加放手　自主探究

大班幼儿活动的主动性、自主性有了明显的提高。一般来讲，探究的盲目性逐渐减少，计划性和目的性相对增多，教师可以更加放手，鼓励幼儿自主探究。例如，在"不倒翁"活动中，教师为幼儿提供了各种不同的操作材料，有沙子、油泥、弹珠、磁铁等，幼儿根据自己的设想，尝试将不同的材料放在塑料蛋壳里，幼儿通过对不同材料的探究，最终发现只要蛋壳下面重，不倒翁就不倒。

2. 关注原因　引发深思

随着抽象逻辑思维的发展，大班幼儿开始能关注到事物的本质属性，教师可以通过追问的方式，引导幼儿思考现象背后的原因，鼓励幼儿用自己的语言进行解释，从而促使幼儿建构对科学概念的自我理解。

例如，在"小丑玩杂技"活动中，幼儿通过在小丑两只脚上增加重物，让纸片小丑成功立在平衡杆上。教师追问："为什么小丑能立起来呢？"幼儿思考后回答："因为腿重了，所以小丑能立起来。"

科学区教师指导还有很多方法，需要教师多观察多思考，适时指导。

五、科学区的活动与指导（配微课）[1]

根据《指南》，幼儿科学学习与发展目标可以分为：亲近自然，喜欢探究；具有初步的探究能力；在探究中认识周围事物和现象。

《幼儿园科学领域教育精要》一书中将科学划分为生命科学、物质科学、地球与空间科学三个部分的内容。

案例一　好玩的陀螺（配微课）

▷ 活动准备

1. 购置的不同玩法的陀螺玩具。
2. 使用各种材料（光盘、纸盘、纸等）自制的陀螺玩具。

---

1 "科学区活动汇总表"见附录。——编者注

3．管状、雪花片、螺丝玩具等。

小班

▶ **核心经验**

能在探究中初步认识周围事物和现象。

▶ **相关经验**

能关注到动作所产生的结果。

▶ **活动过程**

玩陀螺：给予幼儿充分摆弄的机会

小班幼儿经常问各种各样的问题，喜欢好奇地摆弄物品，教师应为幼儿提供能操作、多变化、多功能的玩具材料或废旧材料。在玩陀螺的活动中，教师可以请幼儿与家长一同搜集各种各样的陀螺，也可以提供一些自制陀螺，引导幼儿在不断玩陀螺的过程中，逐渐积累玩陀螺的经验，教师也可以进一步指导幼儿探究陀螺是怎么转起来的。

中班

▶ **核心经验**

提高幼儿用图画表征的能力。

▶ **相关经验**

愿意与同伴分享自己设计的陀螺及自己的想法。

▶ **活动过程**

1．观察陀螺：引导幼儿用图画或符号进行记录

在小班充分玩陀螺的基础上，教师可以开始逐步引导幼儿发现不同陀螺旋转后呈现的现象，用图画或其他符号进行记录，并尝试用语言清楚地讲述自己的发现，概括自己的探究结果。教师再将幼儿的发现展示于环境中，不断分享交流自己的问题与发现，丰富幼儿对陀螺的不同认识，探寻陀螺更多的秘密。

2．制作陀螺：了解陀螺的结构，尝试用各种材料制作简单的陀螺

在观察陀螺旋转时图案、形状、速度等的不同变化后，教师可为幼儿提供制作陀螺的简单材料，如，提供废旧光盘与压花器，鼓励幼儿自行设计光盘上的花纹，猜想

静止的图案旋转后是什么样的，并在制作成功后进行验证。教师也可提供形状不同的纸板与牙签，引导幼儿通过制作不同形状的陀螺，发现陀螺旋转时形状的明显变化。

大班

▶ **核心经验**

探索并发现使陀螺旋转时保持平衡的方法。

▶ **相关经验**

愿意动手动脑去寻求问题的答案。

▶ **活动过程**

设计陀螺：引导幼儿动手动脑探究问题的答案

大班幼儿常常动手动脑探究问题的答案，他们喜欢尝试进行简单的推理和分析，于是教师提出尝试设计"属于自己的陀螺"这一挑战。幼儿根据班级中现有的玩具、废旧物品，用数字、图画画出制作步骤，绘制出设计图。在同伴设计作品的启发下，幼儿不断调整陀螺的大小，选用不同的材料，他们制作出了不同的陀螺，对探索陀螺的兴趣也在不断提升。

以上系列活动通过购置、自制的丰富多样的陀螺，引发出不同年龄段的活动，发展出不同的游戏材料，为幼儿玩陀螺积累了更加丰富的经验。

案例二 好玩的气球（配微课）

同一种材料在各个年龄段都可以投放，但根据幼儿年龄特点的不同，需要了解的科学核心经验也有所不同。比如，气球这一材料，根据幼儿的年龄特点可以设计出不同的科学游戏，小班的"扇气球"、中班的"打气球"、大班的"气球火箭"。虽然都是玩气球，但是游戏的玩法、科学核心经验各不相同。

小班和中班都是探索气球材料的特征，大班是运用气球中的空气流动进行游戏，可见，玩法和科学核心经验都随着幼儿的年龄增长逐步变得复杂。

小班

▶ **核心经验**

1. 感受用扇子扇能产生风，风能让气球飞起来。

2. 能关注到动作产生的结果。

▶ **相关经验**

锻炼大肌肉，增强手臂的力量。

▶ **活动准备**

打好气的气球、纸盒、大而轻的扇子、压好的透明压膜纸、管道材料。

▶ **活动过程**

小班幼儿在玩"扇气球"游戏的过程中，能关注到动作产生的结果，知道用扇子扇能产生风，风能让气球飞起来。

除此之外，教师还应提醒幼儿对准管道口扇风，引导幼儿观察扇风大小跟气球飞的高度有关系。

中班

▶ **核心经验**

给气球充气，气球会不断膨胀。

▶ **相关经验**

1. 有同伴合作的意识。
2. 有自我保护的意识，能有意识地将气球远离自己及他人的脸部。
3. 会用简单的符号表征观察到的现象。

▶ **活动准备**

气球皮、脚踩式打气筒、手打式打气筒、笔、记录纸。

▶ **活动过程**

中班幼儿玩"打气球"的游戏时，可以自己独立打也可以两人合作。在玩的过程中，幼儿可以观察到给气球充气，气球会不断膨胀的现象。

同时，教师应关注幼儿合作的程度、打气球的方法，鼓励他们记录游戏过程中的发现。比如，红色是进风口不可以打气，蓝色是出风口可以打气；打气时要捏紧气球口与打气口，气球才能变大；手一松气球就飞走了，而且里面的气也没有了。

大班

▶ **核心经验**

探索并发现空气流动带动气球火箭升空的现象。

▶ **相关经验**

学习两人协调配合进行操作。

▶ **活动准备**

气球皮、纸杯、打气筒。

▶ **活动过程**

大班幼儿在玩"气球火箭"游戏的过程中，可以探索并发现空气流动带动气球火箭升空的现象。

如果幼儿的气球火箭飞起来了，教师应引导幼儿描述具体的现象，尝试思考现象背后的原因。

如果幼儿的气球火箭没有飞起来，教师应鼓励幼儿反思问题，调整后再次尝试。

案例三 **小球滚滚（配微课）**

▶ **核心经验**

通过反复操作，观察、感知小球在轨道里下落的现象。

▶ **相关经验**

愿意与同伴共同操作。

▶ **活动准备**

1. 小班：不同材质、透明度、粗细的管子，小球。

2. 中班：乐高玩具、压膜纸、小球。

3. 大班：轨道玩具。

▶ **活动过程**

小班

1. 教师直接出示制作的游戏材料，幼儿自主选择进行游戏。

2．教师鼓励幼儿大胆尝试用不同的小球在轨道中玩，鼓励幼儿说说自己是怎么玩的。可以用问题引导幼儿进行探索，如"同一颗弹珠，放入不同的管道后的出口一样吗？"

3．根据幼儿的兴趣和他们在游戏过程中出现的问题，教师可以在合适的时机投放不同的轨道，如透明不透明、封闭半封闭等，引导幼儿在各种不同的管道游戏中获得相关的经验。

中班

1．教师出示材料，与幼儿共同讨论玩法。

2．观察幼儿游戏的情况，了解幼儿玩游戏的方法，鼓励幼儿记录游戏过程中的发现。

3．交流各自的发现，拓展游戏的玩法。

大班

1．在小班、中班游戏的基础上，创设游戏情境"小球去哪儿了"，鼓励幼儿自己设计轨道。

2．教师提供纸笔，幼儿画设计图，根据设计图搭建自己的轨道。

3．交流分享各自的设计图，尝试根据同伴的设计图进行搭建再现。

案例四　小小拍客——用 iPad 拍照记录自然角植物生长过程（配微课）

▶ 核心经验

愿意亲近自然，喜欢到自然角用拍照的方式记录植物的生长变化。

▶ 相关经验

1．尝试表述植物的生长变化。

2．愿意与同伴轮流操作 iPad。

拍照记录能非常真实地记录植物生长的变化过程，利于幼儿持续并进行前后对比观察。

▶ 材料准备

1．一台 iPad（用于拍照）、iPad 硅胶保护套（方便幼儿抓握、保护 iPad）。

2．自然角中的植物（选择生长周期较短、生长变化明显、易于养护的植物）。

3．iPad 电子相册中为每名幼儿建立照片文件夹，便于每名幼儿在自己的照片夹中观察自己植物的生长变化。

4．路径步骤图，引导幼儿将拍摄的照片放进自己的照片夹中。

▶ **经验准备**

1．学习用 iPad 拍照的方法。

2．通过讨论给自己的照片夹选择一个图标，能通过图标找到自己的照片文件夹。例如，一名幼儿选择的是葡萄标记，通过观察葡萄标记，他能快速找到自己的相册。

3．通过教师的操作及路径步骤图，引导幼儿学习将照片放进自己的文件夹中。

第一步：点击"所有照片"

第二步：点击"选择"

第三步：选中照片

第四步：点击"添加到"

第五步：点击自己的文件夹

▶ **活动过程**

1．幼儿观察自然角中的植物，发现变化时用 iPad 拍照。

2．将拍摄的照片放进自己的照片夹中。

3．说说自己植物的变化。

一名幼儿说："我的萝卜叶子是绿绿的、小小的。"

▶ **活动指导**

幼儿在操作过程中难免会遇到"拍照不清晰"或"不会将照片放进自己的照片夹"等问题，教师遵循"观察幼儿，跟随幼儿的困难和问题前行"的原则进行指导。

（1）观察照片，直观反馈

教师及时通过 Apple tv 将 iPad 与一体机进行连接，直观呈现幼儿的照片，集体讨论拍照的方法，明确植物要拍清晰、要把植物和它的标记牌都拍下来等拍照要点。

（2）多次集体学习操作程序

将照片放进照片夹的步骤较多，只通过一次集体教学幼儿可能很难学会，可以通过多次学习逐步帮助幼儿掌握操作程序。

（3）操作中的个别指导

集体学习操作程序后，幼儿在操作中还可能需要个别指导。比如，当幼儿不会将照片放进照片夹时，教师可在集体中和幼儿再次讨论方法，也可以在操作中个别指导幼儿；或是发挥同伴的作用，鼓励会的幼儿去教不会的幼儿操作；还可让幼儿求助环境支撑，观察路径步骤图，将照片放进自己的照片夹里。

> ▶ 温馨·小·贴士
>
> 　　记录的目的最重要的是引导幼儿关注植物的生长变化。除了使用 iPad 拍照，还有许多记录的方法。比如，使用"多肉成长记"APP，同样可以让幼儿在记录的过程中感受并享受植物生长的神奇。

案例五　吹纸杯（配微课）

▶ **核心经验**

嘴里吹出的空气流动成风，推动纸杯向上移动。

▶ **相关经验**

能用语言简单描述自己的发现及问题。

▶ **材料准备**

大小不同的纸杯每种多于 2 个。

▶ **活动过程**

1. 投放材料，幼儿自主尝试玩游戏

初期，教师直接将材料投放至科学区，观察幼儿操作新材料的情况。

2. 教师观察、了解幼儿游戏情况，进行有针对性的指导

投放一段时间后，教师发现中途放弃的幼儿很多，观察、了解幼儿放弃的原因后进行了以下调整。

（1）教师组织幼儿集体讨论交流，幼儿提出自己的困惑，相互分享成功的策略。

（2）教师将材料进行装饰，创设拯救小鸟的游戏情境，激发幼儿再次尝试的愿望。

3. 挑战幼儿，激发他们进一步操作的欲望

再次集体交流时，幼儿说"太简单了，一吹就能吹出来"。于是，教师可以将难度升级。

难度1：增加大纸杯，发现需要用更大的力气才能把大纸杯吹出来。

难度2：自由组合纸杯，幼儿可以将一个小纸杯放入一个大纸杯中吹一吹；也可以将三个纸杯组合，先吹最里面的小纸杯，再吹中间的大纸杯。

难度3：将小鸟拯救到鸟窝中才算成功。幼儿可以根据自己的吹气的力度调整与鸟窝的距离，有目标、有方向地吹。

虽然都是吹出里面的纸杯，但是有了不同难度的挑战，幼儿乐意重复玩游戏，并且玩出自己的新花样。

> ▶ **温馨小贴士**
>
> 　教师要观察幼儿与材料的互动，及时与幼儿交流，材料要富有游戏情境，逐步提升游戏难度。总之，要激发幼儿的兴趣，不断地尝试、探索和挑战。

案例六　线上线下接水管（大班　配微课）

▶ 核心经验

了解直通、弯通、三通等不同接口的水管，探索从起点连接不同接口的水管至一个以上终点的方法。

▶ 相关经验

学习两人分工协作，共同完成一项任务。

▶ 活动准备

1. 线上材料：从 iPad 上下载接水管的相关 APP。

2. 线下材料：水管玩具、用乐高玩具搭建的楼房。

▶ **活动过程**

1. 创设情境，幼儿自主选择线上或线下游戏进行操作

线上游戏可以根据 APP 中的语音提示，点击水管让其转动至合适位置，将水管从起点连接至终点，让水流出。

线下游戏可以创设新小区还没通上自来水的问题情境，让幼儿明确要从自来水厂（起点）将水管接到小区里各栋楼房（终点）。

线下游戏中，幼儿可以选择自己喜欢的位置，放置不同高度的乐高楼房，以确定终点位置，两人合作商量建构的方法，从起点位置搭建水管，接通至放置好的乐高楼房。

2. 幼儿协商分工，进行游戏

（1）观察幼儿两人合作时如何进行分工。有的幼儿拿到水管不协商就开始接，教师可提示两人就乐高楼房的位置、如何接、选择怎样的材料等进行协商，然后再动手操作。

（2）观察幼儿在选择三通、四通水管时，是否将所有接口都接上。如果有遗忘，可用情境化的语言加以提示，如"这里会漏水哟"，引导幼儿知道多通水管要把每个接口都接上。

（3）关注活动过程中幼儿的相互配合，看看他们能否协调地完成搭建的任务。有的幼儿会轮流扶水管和搭建，有的幼儿边扶边对同伴选择的材料给出自己的建议，教师要及时肯定这些合作方法，并引导同伴之间的相互学习。

（4）观察幼儿操作"接水管"APP 的情况，对于个别不熟悉操作方法的幼儿，可引导其先观察同伴如何操作，再进行尝试。成功后可鼓励幼儿迁移获得的经验，发现或解决线下操作游戏中的问题。

3. 提供问题展示区，交流分享经验

教师为幼儿提供接水管问题展示区，幼儿可以先将线上线下游戏中遇到的问题记录下来，再讨论、交流、分享经验。

例如，在线上游戏中，通过点击屏幕旋转水管，自然形成了不同的连接位置，通往不同的方向，进而启发幼儿在线下操作游戏中开始尝试旋转管道以寻找最短、最合适的路线。

线上线下游戏同时投放的优势

iPad上的"接水管"游戏与幼儿操作实体水管都有各自的价值，幼儿在其中获得的经验是相互补充、相辅相成的。

线上游戏以其互动性强、操作简单而深受幼儿的喜爱。幼儿在闯关的过程中，逐步晋级，体验不断挑战的乐趣。

幼儿还可以根据自己的兴趣、能力水平自主选择不同的APP游戏。iPad上的游戏在水管接通后会模拟真实水流流过的轨迹，让幼儿看到水流经过水管流出的过程，进而增加参与幼儿的兴趣。

在线下的实物操作中，幼儿可以直接接触到不同的水管，很直接地认识到直管、弯管、三通、四通的不同特征，幼儿通过真实操作水管玩具，进一步理解在线上游戏中获得的经验。

▷ **活动延伸**

1. 提供更多的乐高楼房，从数量上增加挑战的难度。

2. 提供多样的平行活动，从方位上增加挑战的难度。

案例七 好玩的水（配微课）

▷ **核心经验**

用多种动作探索物体，关注动作所产生的结果。

▷ **相关经验**

愿意和同伴或者教师说说自己看到的现象。

▷ **活动准备**

透明的矿泉水瓶、不同种类的食用油、各种颜色的颜料、不同的洗涤剂。

▷ **活动过程**

1. 教师提供一个矿泉水瓶，里面装上一半水。

（1）幼儿摇晃矿泉水瓶，发现里面的水会像龙卷风一样旋转，会出现很多泡泡等。

（2）为了让幼儿持续关注，教师在水中加入一些彩色亮片，幼儿能更清楚、明确地看见摇晃瓶子所产生的现象。

2．教师将矿泉水瓶两两组合制作成水沙漏，幼儿通过各种方法摇晃形成龙卷风的现象，鼓励幼儿说说自己是怎么摇晃的，瓶子里的水发生了什么样的变化。

3．随着幼儿玩水经验的不断丰富，教师可以在瓶中添加不同的材料，引导幼儿通过操作，观察产生的变化。

（1）教师在瓶中加入等量的不同种类的材料，如等量的不同颜色的颜料、等量的各种洗涤剂、等量的各种食用油。

（2）教师将材料放在区域的桌面上，幼儿可以观察加入不同材料的矿泉水瓶中产生的不同现象；也可以随手选取自己想玩的矿泉水瓶，用自己的方法操作瓶子，鼓励幼儿说说自己的瓶中发生了什么样的变化。比如，"我们来看看小朋友玩的过程，摇晃时，油在瓶中会有什么变化呢？颜料和油流动时一样吗？两个瓶子都装着颜料，哪个流得快呢？瓶子的倾斜程度会影响水流速度吗？"

▶ 活动延伸

对于中班、大班的幼儿，教师可以将沙漏瓶两两组合，幼儿可以进行对比观察。等量的不同种类的食用油在摇晃过程中发生的变化有什么不同，同种食用油加入的量不同又会发生什么现象，鼓励幼儿将自己的发现表述出来或者记录下来。

案例八　"油"画

▶ 核心经验

在实验的过程中发现油的性质。

▶ 相关经验

愿意表述和记录自己的发现。

▶ 活动准备

1．邀请幼儿共同收集各种各样的食用油、塑料滴管。

该活动可以请幼儿将空瓶带回家，在家长的帮助下寻找食用油，让幼儿了解找到的油的名称和用途。搜集油的过程，也是幼儿丰富油的经验的过程。

2．白色盘子（盘子用于盛放油画的纸张，避免油渗漏）、各种各样的白色纸（如打印纸、宣纸、厨房用纸、铅画纸等）。特别强调使用白色的盘子和纸，避免幼儿观察油在纸上的变化时，产生变色的错觉）、水（用于后期玩水油画，对比观察水和油两种物质的不同）。

3. 记录纸、笔或者 iPad。

记录是幼儿探索历程与认识发展真实客观的呈现，也是幼儿自我调整建构知识经验的见证。教师在"油"画活动中为幼儿提供了记录纸和笔，鼓励幼儿通过绘画记录自己的发现。这是一种比较常见的记录方法。同时，教师提供了一台 iPad，幼儿可以通过 iPad 视频自拍的方式记录自己的发现。

▶ **活动过程**

1. 幼儿感知各种各样的食用油

幼儿在科学区看到了自己和同伴搜集的各种各样的油，肯定会有看一看、摸一摸的欲望。下面我们就一起来看一看，幼儿是如何用自己的方法玩一玩油的。

这是一名幼儿在科学区玩油的视频。他先用摇晃、混合的方法感知油，接下来他在美术区找了一根吸管，搅拌油。教师应鼓励幼儿用多种感官、多种方法充分感知食用油。

在玩油的过程中，幼儿对油的气味、黏稠度等会有进一步的认识。

2. 幼儿创作"油"画

在充分玩油的基础上，幼儿用自己的方法，创作"油"画。在创作的过程中，继续感知油的特性。接下来，我们就一起看一看，幼儿用哪些方法创作油画，他们又会观察到什么有趣的现象呢？

教师提供了塑料滴管，许多幼儿都会用塑料滴管吸油滴在白纸上。不同的油，滴在纸上印记一样吗？幼儿在反复操作的过程中，观察不同的油滴在纸上出现的各种现象。

一大滴油和一小滴油滴在纸上，一样吗？两滴不同的油靠在一起会怎么？滴上油，5 秒钟以后再看会有变化吗？

除了用滴管滴在纸上，幼儿还想出了用油印染的方法创作"油"画。先在白盘中滴油，然后用纸盖在油上，观察油瞬间吸附到纸上的有趣现象。

滴上油，倾斜托盘，会看到什么有趣的现象呢？油慢慢地在纸上流淌起来。

3. 幼儿创作"水油画"

随着幼儿"油"画经验的不断丰富，教师提供油和水两种材料，鼓励幼儿用两种材料作画。幼儿在操作中，能对比观察水和油两种物质的特性，了解水油不相容的特点，积累相关经验。

4. 幼儿记录自己的发现

幼儿创作油画和水油画的过程中，会有很多自己的发现，教师应鼓励幼儿进行记录。常见的方法是用纸和笔绘画记录，这里教师还提供了 iPad，让幼儿可以通过自拍的方式记录自己的发现。我们来一起看看这名幼儿发现了什么吧！

▶ 活动延伸

幼儿创作水油画的后期，教师可以在水或者油中加入颜料，提升作品的美感，增加幼儿操作的兴趣。

鼓励幼儿在不同的材质（如布、棉花等）上进行油滴画。油滴在布上会怎样呢？快来试一试吧！

第四章
数学区的建构与指导

一、数学区的价值

学前期是幼儿逻辑思维萌芽及初步发展的时期，也是数学概念初步形成的时期。在幼儿园，我们通过集体数学活动，以及在其他领域活动中渗透相关的数学经验，从而发展幼儿的思维能力。现在，我们越来越关注在区域活动中，观察和指导幼儿进行各种数学活动，努力实现其对幼儿发展的独特价值。

1. 数学区能有效地促进幼儿数学经验的获得及数学思维的发展

数学区的活动是教师有目的地设计的，其中蕴含着数学关键经验，因此，能够通过活动丰富幼儿的数学经验，发展数学思维。

首先，幼儿需要借助具体的事物和直接的操作活动，获取粗浅的数学经验。数学区的活动为幼儿提供了情境化、操作性的游戏，让他们通过"玩"数学，体验数学。在多样化的游戏活动中，通过自己的操作获得有关数量、空间、几何、时间等方面的数学经验。

其次，幼儿可以在玩的过程中初步感知生活中数学的有用和有趣。数学区中的活动大多都是和幼儿生活相联系、具有情境性的游戏，有利于幼儿游戏兴趣的不断增强。

再次，培养幼儿良好的学习习惯。活动中，幼儿学习自己拿取、收放、操作材料，培养和学习从哪里拿放回哪里的意识和习惯，学习按操作流程有序地使用材料参加操作活动等。这些，既培养了幼儿遵守规则的意识和能力，又促进了幼儿良好学习习惯的养成。

最后，促进幼儿在活动过程中学习品质的发展。通过自己的操作，幼儿在专注力、坚持性、反思调整能力等方面获得发展。在活动中，我们可以看到，在周围有干扰的情况下，幼儿能坚持、专注于自己选择的活动，在活动中发现问题，并用自己的方法解决问题，能创造性地使用材料综合运用学过的知识在游戏中学习等。幼儿还逐步学会根据自己的经验和能力，通过给自己增加游戏难度、提高活动的挑战性等策略来增加活动的趣味。

2. 数学区可以满足幼儿个性化、差异化学习的需要

幼儿的兴趣需要、个性性格各不相同，因此，他们的学习方式、学习速度存在着

差异。数学区的环境更加宽松、自由，材料多样而有趣，幼儿可以选择自己喜欢的材料，以自己的方式，按照自己的速度进行个性化的活动。如同样是分类的活动，幼儿根据自己的兴趣，有的选择实物的分类活动，有的选择 iPad 上的分类游戏。

此外，幼儿的数学学习具有很大的个体差异，在集体数学活动中，很难满足不同发展水平幼儿的需要，教师也很难深入指导不同水平的幼儿。而在数学区域活动中，教师可以围绕同一数学关键经验，提供多种游戏材料，设计不同层次的玩法；还可以深入地观察和分析幼儿的数学发展水平，然后进行个别互动和个性化指导。能力强的幼儿可以不断升级，挑战更高层次的玩法，能力较弱的幼儿可以降级，玩简单的游戏，从而满足幼儿的差异化学习的需要。

二、数学区的环境创设（配微课）

不同年龄段数学区的环境创设的共同之处

1．数学元素在区域标志中的体现

数学区的标志可以体现各方面的数学学习内容，营造数学区域的氛围。如用数字、点表示进区人数，用运算符号，常见的几何图形、立体图形等组成相应的画面。

随着幼儿年龄的增长，环境中的数学区域标志应逐步降低形象性，提高抽象性，如大班数学区域标志用幼儿能理解的简单数学符号进行提示和区分即可。

2．环境中物品材料的有序取放是数学内容在环境中的渗透

小班：将材料按实物＋点或颜色形状标记对应摆放，每一层放一种游戏材料，每份游戏材料以及其对应摆放的位置都贴上相应的标记。

中班：将不同的材料对应数字标记，不同颜色的筐放不同颜色的数学材料，然后放入玩具柜，学习逐层对应地取放同样的材料，以及按标记对应取放不同的材料。

大班：区域材料分类分层摆放，将材料按归类、排序标记（如 1-1、2-1）放入区域柜或展示架上，方便幼儿自主活动和管理；同时，高结构材料装在盘子里，低结构材料装在盒子里。

3.凸显生活化半成品材料的利用

我们在创设数学环境时，力求以数学内容为主，根据实际情况，要创设生活化数学情境，引导幼儿利用生活中的材料，解决生活中的问题，让幼儿在运用数学解决实际生活问题的过程中感知数学的有用和有趣。

不同年龄段数学区的环境创设的不同之处

1.小班凸显数学元素的情境性展示

教师要用直观、具体的活动材料吸引小班幼儿参与活动，激发他们游戏的兴趣。如"我家有几口人"活动中，教师将操作材料布置在墙面上，幼儿在墙面上进行归类摆放的游戏，这既是作品展示，也是一种记录，激发了幼儿参与环境创设的积极性，还凸显了数学区的特点，营造了区域的氛围。

2.中班凸显营造合作的游戏空间和氛围

中班幼儿数学学习的内容和材料丰富了，需要增加桌椅拓展幼儿操作的平台。同时，幼儿开始出现两两合作的数学游戏，如占地盘、掷骰子转转盘等。桌椅以及材料的摆放要方便幼儿两两结伴和游戏，如选用可坐两人的小桌子，幼儿可采用面对面、面对墙、围合式相结合的方式进行游戏，墙面、柜面、桌面、地面、纸盒上也可作为幼儿共同合作游戏的场所。

3.大班凸显数学元素成为环境的一部分，将幼儿的作品布置到区域环境中

大班幼儿的自主性不断增强，数学学习的内容更多，墙面设计可以留出最大的空间让幼儿参与其中，帮助他们在环境潜移默化的影响下，感知数量、空间、几何等内容，墙面上可呈现各类统计表、七巧板活动、图文并茂的幼儿一日作息表等。

三、数学区的规则建立（配微课）

不同年龄班数学区规则的共同点

1.创设进区人数标记，规定进区人数

为了保证区域活动的良好秩序，需要规定可以同时进区的人数。各年龄班可根

据幼儿年龄特点做出各具特色的进区牌。

小班

可直接设定一定数量的插牌小格，格子的数量和区域规定人数相等，插满即为人数已满。

中班

有一定数量的格子，同时写上数字标记，这样幼儿可以数一数人数是不是和数字表示的数量一样多，丰富幼儿对数与数量的经验。

大班

直接写上数字表示数量，幼儿通过自主观察，了解进区人数的要求，同时提高对数量的感知能力。

2．游戏材料按标记归放

幼儿学习按标记整理活动材料本身就是一种数学游戏，同时又能建立良好的规则意识。所以，在材料摆放处，需要创设符合各年龄段的标记。

小班：颜色形状标记

中班：点子标记、图形标记与数字标记同时使用

大班：统计标记

3．放置新游戏标记

数学区的新游戏如何引起幼儿的关注，如何帮助幼儿明确新游戏的位置，教师可以用毛绒玩具等可爱玩偶或者自制标记作为新游戏的标记，幼儿进区后可以优先选择新游戏玩。

不同年龄班数学区的不同点

小班

材料分装

一个游戏可能含有不同材料，每种材料分别装在小筐中，最后一齐放入一个大盘子里。这样，拿取和还原时幼儿都只需要端一个大盘子，有利于其自我管理能力的逐步提高。

中班、大班

1. 自主安排进区的次数和时间

当幼儿参与活动的目的性、计划性有了初步的萌芽，他们可以自主安排每天进区的次数和时间，自主调整自己的选择。

2. 建立基本的合作规则

当幼儿的合作能力有了初步的发展，教师需要帮助幼儿了解两个人之间如何合作，如何分享或者分配任务，等等。

四、数学区的活动与指导（配微课）[1]

根据《指南》，幼儿数学学习与发展目标可以分为以下三方面。

1. 初步感知生活中数学的有用和有趣。
2. 感知和理解数、量及数量关系。
3. 感知形状与空间关系。

案例一 数学区活动材料的选择——利用废旧材料探寻数学（配微课，部分）

数学区的活动材料是幼儿感知数学关键经验的载体。材料是否适宜直接关系到幼儿参与活动的兴趣，对材料探索与操作的结果也直接影响到幼儿数学能力的发展。

我们可以从以下几个方面思考、发现废旧材料的价值，帮助幼儿学习数学。

1. 材料的特征及使用功能。
2. 材料可以引发幼儿感知哪些数学关键经验。

一、网格状物品

1. 小班"卖鸡蛋"——感知AB模式

在小班"卖鸡蛋"活动中，教师使用了生活中常见的蛋托来盛放"鸡蛋"。蛋托由排列整齐、大小相同的格子组成。每个格子都有自己的固定位置和相对位置。

---

1 "数学区活动汇总表"见附录。——编者注

教师提供 AB 模式的范例，幼儿可根据范例在蛋托中依次摆放两种颜色的"鸡蛋"，体验 AB 模式的结构，感受物体的前后关系。

> ▶ **温馨·小·贴士**
>
> 1．小班幼儿初次体验模式时，教师可在蛋托里贴上起点和颜色标记，以突显模式的单位，幼儿可以直接重叠对应颜色，有顺序地摆放。
>
> 2．教师提供的范例是幼儿操作初期的一个支架，最终幼儿可以摆脱支架，独立在蛋托里进行 AB、ABB 等多种模式的排列。

2．中班"母鸡下蛋"——感知空间定位

在中班"母鸡下蛋"活动中，同样运用蛋托这一材料，帮助幼儿感知空间关系，但侧重点在于空间定位。材料制作的关键点是透明卡上的格子与蛋托中的格子，数量相等，位置对应。

活动中，幼儿先将几张母鸡图片分别放在透明卡上的任意格子中，通过观察母鸡的位置，根据上、下、前、后、旁边等方位，在蛋托中找到对应的格子，摆上母鸡下的"蛋"。

最后，格子卡片和蛋托合并，检查母鸡下"蛋"的位置是否正确。

可尝试两名幼儿合作游戏，一名幼儿摆放母鸡卡片，另一名幼儿摆放"蛋"，最后两人共同检查。

3．大班"蛋托拼图"——感知组合拼图

在大班"蛋托拼图"活动中，可先用整张蛋托拼成底板，再将一些整张蛋托分割成造型不同的拼块，将拼块涂上不同颜色。幼儿用蛋托拼块在底板上进行组合拼图。幼儿在活动中逐渐理解整体与部分的组合替代关系，发展了平移、旋转等空间运动能力。

4．小班"结果子"——感知空间关系和空间定位

月饼盒内衬也是由大小、形状相同的格子组成。在小班"结果子"活动中，幼儿可以观察不同层次的果子卡片，把不同颜色的果子放在相应的格子里。

层次一：可以选择全部结满果子的卡片。幼儿从第一排第一个果子开始，选择

相同颜色的果子，摆进对应的格子中，然后一个接着一个选择果子，直到全部摆完。教师应帮助幼儿感知空间关系。

层次二：可以选择结了部分果子的卡片。幼儿需要观察哪种果子结在哪个格子里，再选择和摆放果子。教师应帮助幼儿感知空间定位。

二、泡沫

中班、大班"数字钉板"——感知数字笔顺

到了中班、大班，幼儿开始认识数字。

在"数字钉板"活动中，将泡沫裁剪成大小、形状相同的泡沫块，在上面写上数字，并标明数字笔顺。

幼儿按照数字的笔顺插上工字钉，可以巩固对数字字形的认识。

三、纸盒

大班"装纸盒"——感知空间规划

大班"装纸盒"活动中，提供不同形状的盒子，请幼儿将这些大小、形状不同的盒子放入一定的空间内，在这个过程中幼儿需要进行合理的空间规划。

案例二 图形跳跳乐（配微课）

▶ **核心经验**

感知和发现常见图形的基本特征。

▶ **相关经验**

能用语言正确描述图形特征。

小班

▶ **活动准备**

软地垫、软垫上贴图形片、图形骰子。

▶ **经验准备**

1. 幼儿认识图形的形状特征。

2. 能正确命名正方形、三角形、圆形。

▷ **活动过程**

1．一名幼儿投骰子。

2．另一名幼儿跳到相应图形上。

3．每投一次，移动一次，直到终点。

▷ **活动指导**

1．小班幼儿可能会在游戏时忘记先投骰子再找图形的规则，教师可及时提醒，如"我们先要做什么，再找什么呢?"

2．幼儿在小班学习的圆形、正方形、等边三角形都是比较规整的图形，因此，教师在骰子和地垫上标记的图形都应是这些规整的图形，以便于幼儿感知。

3．当幼儿对图形的认识出现错误时，教师可引导幼儿先观察骰子上投出的图形特征，再观察自己找到的图形的特征，对比之后进行调整。如果仍有幼儿出现错误，教师可以通过问题"这个图形有几个角"引发幼儿思考。

▷ **温馨小·贴士**

1．小班幼儿在刚开始认识图形时，重要的是感知图形的基本特征。同时，在活动时，幼儿每投一次，都要鼓励他们大声说出图形的名称。

2．当幼儿玩得较熟练时，教师可鼓励幼儿尝试单脚跳，增加活动的趣味性。

中班

▷ **材料准备**

1．图形卡片：从起点图形开始，由方向箭头将不同的图形连在一起。

2．地面贴有不同颜色的图形。

▷ **经验准备**

1．幼儿认识图形的形状特征，能正确命名正方形、长方形、三角形、圆形、梯形、椭圆形。

2．幼儿能描述不同颜色。

3．幼儿能感知方向。

▷ **活动过程**

幼儿选择一张图形卡片。从起点图形开始，按照箭头的方向，边说出图形的名称，边跳到相应的图形上，直到最后一个图形。

▷ **活动指导**

中班幼儿在小班认识图形基本特征的基础上，需要认识图形的各种变式，并且能不受图形的大小、颜色、摆放位置、类型的影响。所以，教师可在骰子和软垫上贴更多图形的变式，观察幼儿是否能够正确辨认、命名图形。

案例三　打地鼠（小班　配微课）

▷ **核心经验**

能手口一致地点数 5 个以内的物体，并能说出总数。

▷ **相关经验**

发展身体平衡和协调能力。

▷ **材料准备**

1. 游戏地垫：游戏垫上有 5 只地鼠的图片，分别在地垫的不同位置。
2. 点子骰子。

▷ **活动过程**

1. 教师与幼儿讨论"可以怎样打地鼠呢？"

（1）教师用语言"掷到几，就用身体的几个部位盖住相应数量的地鼠"，帮助幼儿理解游戏规则。

（2）用师幼示范的方法引导幼儿学习合作游戏。

2. 幼儿在区域中自主游戏，教师观察了解游戏情况

（1）幼儿是否能点数正确。

（2）能否用相同数量的身体部位打地鼠。

（3）与同伴合作是否顺利。

3．集体讨论分享

（1）解决游戏中出现的问题。

（2）幼儿用新的动作挑战时，可在全班分享，丰富幼儿 5 以内点数以及等量匹配的数学经验。

▷ **相关活动**

1．动作迷宫：一名幼儿投骰子，另一名幼儿根据骰子上点子数量跳相应数量的垫子，并根据垫子上的图案，做相应的动作。如跳在有箭头的垫子上，根据箭头方向和上面的点子数量前进、后退。

2．我家有几口人：幼儿根据照片上的人数，将照片归类。

3．我有几条腿：根据小动物身上点子的数量，给小动物身上夹相应数量的夹子，作为小动物的腿。

4．小甲虫的家：根据小蘑菇上点子的数量，将相同数量的小甲虫放在上面，作为它们的家。

案例四　停车场（小班　配微课）

▷ **核心经验**

能感知物体基本的空间位置与方位。

▷ **相关经验**

理解上、下、前、后、旁边等方位词。

▷ **活动准备**

16 格泡沫网格、网格游戏卡、玩具小车。

▷ **活动过程**

1．幼儿插牌选择数学区。

2．幼儿选择一张停车场游戏卡。

3．幼儿依据图片找到相对应的玩具小车，在泡沫网格中确定位置。

4．幼儿依据游戏卡上小车的位置，在网格中找到对应的车位，停放小车。

▷ **活动指导**

1. 幼儿刚接触网格游戏时，教师提供的网格数量不宜太多，主要以帮助幼儿感知空间关系为主。

2. 指导不同发展水平的幼儿选择不同层次的游戏卡。

层次一：当幼儿选择没有空格的游戏卡，而在网格内随意摆放小车时，教师可引导幼儿观察卡片，从第一排第一辆小车开始，一辆接一辆，一排接一排地有序找到小车，同时对应摆放小车。

层次二：对于发展水平较高的幼儿，教师可鼓励他们选择有空格的游戏卡，当幼儿正确停放小车之后，教师需要了解幼儿是如何定位的，鼓励幼儿大胆讲述。

▷ **延伸活动**

结西瓜

通过提供不同层次的材料，帮助小班幼儿通过复制和并置的方法进行操作，促进幼儿空间定位能力的发展。

案例五 **蒙眼摸数字（中班　配微课）**

▷ **核心经验**

感知数字的外形特征，认识数字 1—10。

▷ **相关经验**

能与同伴友好合作。

▷ **活动准备**

1. 把一定厚度的卡纸或软泡纸剪出数字图形，贴在卡片上。

2. 眼罩，可以用一次性餐盘和松紧带制作，也可以购买。

▷ **活动过程**

1. 两名幼儿合作游戏，一名幼儿用眼罩蒙住眼睛，另一名幼儿选择一张数字卡片。

2. 蒙眼睛的幼儿通过用手触摸，感知数字凸起的部分，猜出是数字几。

3. 全部猜完后，交换材料。

▷ **活动指导**

1. 教师观察幼儿能否先协商再游戏，及时提醒两人一起商量。

2. 教师观察两人合作中，幼儿是否关注同伴猜数字的情况，如果不关注，引导幼儿倾听同伴的猜测，猜对了给予肯定，猜错了提示同伴再触摸猜测，不急于告知同伴答案。

3. 当个别幼儿有困难时，教师可让幼儿先不蒙眼睛，边触摸边观察数字的字形，积累一定经验之后，再蒙眼睛。

4. 教师观察幼儿是怎样用手触摸数字，猜出数字的，并给予针对性指导。

（1）如果幼儿猜对了，教师可问"你怎么知道是数字 8 呢"，请幼儿说出自己对数字字形的感受。

（2）如果幼儿猜不出来，教师可问"你摸到的数字是什么样子的，什么数字像两个圈圈"，引导幼儿先说像什么，再猜是数字几。

▷ **活动延伸**

1. 教师可提供插钉和泡沫板，让幼儿在泡沫板上，用插钉沿数字书写的方向插插钉，感知数字的字形和正确的书写方法。

2. 还可以在 iPad 里下载相应的 APP，如"宝宝写数字"，帮助幼儿感知数字。

> ▷ **温馨小·贴士**
>
> 中班幼儿开始出现两人合作的需要，教师应关注并进行指导。所以，第一次介绍合作游戏时，教师需将合作的规则交代清楚，并进行示范演示。同时在幼儿合作时，教师需进行个别指导，逐渐引导幼儿在合作中，不仅关注自己，同时也关注同伴。

案例六　开花啦（大班　配微课）

▷ **核心经验**

认识"+""−""="和加减算式，初步理解算式的抽象意义。

▶ **相关经验**

学习说出算式中各数字、符号的含义。

▶ **活动准备**

1. 底板：上面有花蕊，每个花蕊中有一个数字，数字可根据学习内容而定。
2. 花瓣：每瓣花瓣上有一个算式，得数能与花蕊中的数字对应。

▶ **活动过程**

提供材料，介绍玩法。

教师将材料直接投放于区域中，以问题"每瓣花瓣应该放在哪个花蕊上呢"导入，引导幼儿根据花瓣上算式的计算得数，将花瓣与相应的花蕊放在一起，组成花朵。

▶ **活动指导**

幼儿在区域中操作材料时，教师需关注幼儿的操作情况，根据幼儿的不同表现进行指导。

1. **根据操作过程进行指导**

如果幼儿能够理解规则，只是有遗漏的花瓣，或者有个别错误，教师可提醒幼儿进行自我检查。如果幼儿在加法运算中有困难，教师可提供花片等工具，通过实物操作帮助幼儿得出总和。

2. **根据操作结果进行指导**

在幼儿能够顺利算出得数并摆好花瓣后，教师可提问"你怎么知道这瓣花瓣在这朵花上"或"这些算式都不一样，怎么都在一朵花上呢"，引导幼儿表述加减算式的抽象意义。

在幼儿理解了算式的抽象意义后，教师可请幼儿就某一算式根据生活经验自由编题，这也是大班数的运算中重要的学习内容。

▶ **活动延伸**

结合大班幼儿即将毕业，对同伴有着深深的不舍之情，并互留联系方式的契机，教师可设计"打电话"的活动。幼儿可以两人合作玩游戏，一名幼儿根据小册子上电话号码的数字顺序，依次编出数学题考验同伴。另一名幼儿根据答案摆成一串电话号码，互相确认是否摆放正确，再"打通"好朋友家的电话。幼儿通过生活实例，感知、体验数量变化，认识加减算式的同时，进一步加深了彼此间的友情。

再如，在角色游戏中设置"银行""超市"等主题。幼儿可到银行取 5 元钱，用这 5 元钱到超市去买东西。这些角色主题的设计，都是在满足幼儿兴趣需要的同时，帮助不同发展水平的幼儿轻松愉快地体验、获取数学经验，促进其积极主动地发展。此外，在日常生活中运用加减运算解决一些简单的问题，才是巩固、提高幼儿加减运算能力的最佳方式。

案例七 趣味七巧板（线上线下活动 配微课）

▶ **核心经验**

能用常见的几何形体，有创意地拼搭出物体的造型。

▶ **相关经验**

愿意动脑筋进行创造性组合。

▶ **活动准备**

经验准备

幼儿已有拼搭七巧板的游戏经验。

材料准备

iPad 上下载"巧虎七巧世界"APP、七巧板、地面自制七巧板、各类计时器。

▶ **活动过程**

1．先投放线下材料，拓展多种玩法，再提供 APP

首先，教师投放了线下材料供幼儿随意拼搭，在活动开始一段时间后，为了在区域游戏中凸显幼儿的自我学习能力及自我探索解决问题的能力，教师投放了新的"刺激"——线上游戏"巧虎七巧世界"，线上游戏互动性强、操作简单深受幼儿喜爱。

2．提供游戏规则交流区，梳理线上游戏规则

在讨论前，教师有组织地引导全班幼儿独立尝试线上游戏，在讨论中，幼儿有了之前自主探索游戏的经验，并梳理出许多游戏规则，所以在全体幼儿共同讨论后，教师帮助他们梳理出"我们的发现"，并把这些发现用图文并茂的方式展示在墙面上，帮助幼儿巩固游戏玩法。

3. 关注幼儿的活动，提供适时的指导，展开进一步讨论推进幼儿的发展

随着游戏的推进，幼儿对游戏也有了更多自己的看法。针对幼儿每次游戏后提出的问题，教师及时讨论、跟进、解决问题，创设出新的游戏情境及玩法。

讨论中，有的幼儿喜欢线上游戏中具有挑战的无虚线提示的七巧板图形，有的幼儿喜欢能够提供帮助的虚线提示图案。于是，教师有意识地针对讨论中生成的问题进行线下模板的挑选，包括正反两面都有具象图案，七巧板图案分为有虚线及无虚线两种。

活动结束后，怎样保留幼儿的作品呢？自拍区的 iPad 可以来帮忙，把拍好的作品拖入有幼儿姓名的文件夹即可。

▶ **活动延伸**

1. 结合大班数学教育内容"认识时钟"，从时间规定上增加游戏难度。

（1）单人游戏：在规定时间内，拼搭最多的水管。

（2）双人游戏：在规定时间内，比一比谁拼出的完整图案多。

（3）双人游戏：拼搭同一个完整图案，比一比谁用时更短。

2. 提供具体物体，幼儿创意拼搭出各种造型。

第五章
音乐区的建构与指导

一、音乐区的价值

《指南》中明确指出，艺术是人类感受美、表现美、创造美的重要形式，也是表达自己对周围世界的认识和情绪态度的独特方式。应充分创造条件和机会，引导幼儿对美的感受与体验，丰富其想象力、创造力，引导其用自己的方式表现美、创造美。

音乐是一种由声音和寂静组织起来的独特的艺术表现形式，对幼儿的全面发展有重要影响。音乐区作为幼儿园音乐教育的一种组织形式，是音乐集体教学形式的一种延伸和拓展，由于它形式开放，组织灵活自由，有助于凸显"感受与欣赏""表现与创造"这两大核心目标，并能更好地满足不同发展水平幼儿的需要。

1. 音乐区是以兴趣的激发为目标，为幼儿服务，满足幼儿的需要

音乐区的创设，应本着兴趣引路的原则。明确引导幼儿感受、欣赏、学习音乐的目的，不是为了培养个别音乐精英，而是为了培养喜爱音乐、享受音乐、热爱生活的人。

因此，音乐区不仅仅是为个别有音乐天赋的幼儿设置的，而应是普惠性的，能满足不同发展水平幼儿活动的需要。

2. 音乐区是以自主表达与创造为核心，既重视群体的自我展示，又关注个体的特长发挥

音乐区的创设，应充分给予幼儿自主表达与自由创造的机会，教师应以鼓励、激励的方式吸引幼儿主动参与，接纳幼儿各种自主表达、自由创造的行为，让幼儿真正体验自我展示的乐趣。同时，还应留意、发现、关注有音乐天赋的幼儿在音乐区的独特表现，既做到兼顾全体，又做到关注个别，在音乐内容、形式、技巧等方面给予提升与拓展的空间，在调动群体积极参与的同时，又能满足个体自我完善与发展的需要。

3. 音乐区是以自由选择与自主管理为前提，重视幼儿主动性、独立性的养成

音乐区的创设，应明确活动参与的主体是幼儿，应充分给予幼儿自由选择的权利，切勿以"教师本位"限定"幼儿本体"的意愿，将"自由选择"流于形式。教

师不应固化地认为，幼儿缺乏自由选择的能力，而应提供多种方式引导幼儿学会自由选择，了解自由选择的各项内容，享受自由选择的乐趣。

此外，教师还应重视幼儿自主管理能力的培养，从幼儿内需出发，在材料的投放、使用、操作等方面提供隐性或显性标志，有意识地引导幼儿发现、感知规则与秩序的重要，并乐意遵守规则，尝试运用规则调节自己的行为，逐步形成自主管理意识。

4. 音乐区是以游戏娱乐为主，以技能训练为辅，在寓教于乐中，促进幼儿获得多元发展

音乐区的创设，应尊重幼儿好游戏、好娱乐的特点，本着游戏中学习、娱乐中感受的原则，并顺带引导幼儿感知技能。切勿刻意追求"技能化"的训练，将音乐区的创设作为巩固幼儿音乐技能的必要途径。应透过幼儿"玩味音乐"的过程，促进幼儿多元能力的发展，如音乐游戏中的组织能力、领导能力、协作能力、表现能力、创造能力、模仿能力、观察能力、指挥能力、合乐能力等。因此，教师应树立"大教育观"，从领域渗透的角度审视音乐区对幼儿发展的价值，"去单一，存多元"地认识到音乐区不仅发展幼儿的音乐能力，更倾向于促进幼儿的全面发展。

二、音乐区的环境创设（配微课）

生动形象、富有趣味的音乐区环境能吸引幼儿的注意力，不仅可以激发他们与环境中事物进行互动的兴趣，而且可以丰富他们的感性经验。环境中的各类材料能支持幼儿的自主学习，拓展幼儿认识事物的视角。音乐区的环境创设可以从以下几个方面进行。

1. 特色鲜明的音乐区域标记牌

教师要在区域标记设计和制作上渗透音乐元素，渲染音乐氛围，帮助幼儿积累对音乐符号等的经验，如运用乐器、音符等具有音乐元素的材料制作音乐区标记牌。

2. 乐器、乐器架、道具、表演服装是音乐区环境的必要组成部分

幼儿需要生动形象、富有趣味的环境，如卡通乐器架，这样的环境不仅能吸引

他们的注意力，还能激发他们与环境中的事物进行互动的兴趣，丰富感性经验。

乐器架上要做好相应的标记，便于幼儿收纳，或者提供的乐器多于幼儿人数，便于幼儿将相同的乐器归类摆放。

提供的道具可直接展示在墙面上，表演服装可用衣架呈现，既便于幼儿取放、使用，又成为环境欣赏的一部分。

3. 支持幼儿自主学习的各类图谱是音乐区环境的重要组成部分

随着幼儿在音乐区活动的经验与能力不断提升，教师可以利用图谱等材料营造环境的互动氛围，激发幼儿参与音乐区活动的兴趣。如动作图谱、队形图谱、磁性操作板、打击乐图谱等。

幼儿可以借助教师提供的动作图谱练习自己感兴趣或有困难的动作。

教师还可将幼儿在音乐区表演时的照片打印并展示出来，这既是对幼儿的鼓励，又能激发幼儿相互欣赏、学习的兴趣。

随着活动的不断推进，幼儿还可以借助队形图谱为韵律活动编排新的队形，或者借助磁性操作板创编更加个性化的队形。

幼儿还可借助打击乐图谱为乐曲替换乐器进行演奏。

4. 音乐游戏内容、玩法也可以成为音乐区环境的一部分

幼儿参与的其他音乐游戏也可以呈现在区域环境中，以记录活动的进程，并进一步激发幼儿的活动兴趣。如音乐游戏"TOCA BAND""节奏大师""完美钢琴"等。

5. 操作式节目单、区域记录是构成音乐区环境的一部分

幼儿自选节目单以及完成音乐区域活动后的区域记录也是环境的一部分。

三、音乐区的规则建立（配微课）

规则是保障幼儿安全且有序活动的必要前提。小年龄幼儿规则意识发展不完善，需要在活动中不断巩固与加强。

1. 进区的规则

插牌 / 挂牌进区

坚持运用插牌 / 挂牌进区的规则，可以帮助幼儿学会自主判断能否进区，从而

形成自觉遵守规则、履行规则的习惯。这项规则，不仅能起到限定人数的作用，还有助于发展幼儿初步的自我监控与自我管理能力。

2. 取放乐器和材料的规则

音乐区的许多乐器和材料都分类摆放，同时做上相应的标记，便于幼儿自主收放。

3. 其他具体活动的规则

音乐区活动的开展在不同年龄阶段会产生不同的问题，如点选节目、共享空间等，因此，音乐区规则还包括其他具体活动中的规则。同时，教师还应考虑不同年龄幼儿的需要，关注他们在活动中的表现，与幼儿共同讨论，并制定出相应的规则。

4. 不同年龄班的音乐区规则

（1）小班：注重幼儿规则意识的建立

①建立空间共享的规则

可以在地面上贴点子，为幼儿活动给予支撑，教师可根据班级音乐区空间选择同一水平线上的横点或交叉站点，引导幼儿共享空间。

②建立听提示语的规则

提示语的加入，一方面可以督促幼儿遵守相应的规则，另一方面可以帮助幼儿了解活动的具体要求，为有目的地参与活动提供指导。在提示语的指导下，即使教师暂时不在音乐区，幼儿也可以有序地根据提示语的要求，自主地进区、参与活动、离区。

（2）中班：关注幼儿自主意识的稳固

①稳固找空处的空间共享规则

进入中班，随着幼儿空间意识、空间感知能力的不断增强，他们不再需要借助地面贴点的方式来调节自己与他人的空间距离，而是可以通过自身的运动来调节与他人的空间位置关系。教师可以引导幼儿通过遵守"不过线"的规则帮助幼儿控制与电视机的距离，保证用眼健康。同时，鼓励幼儿自己找空处进行活动。还可以将找空处等规则纳入约定中，由于约定的内容是师幼共商共建的，幼儿在履行约定时印象就会比较深刻，长此以往，幼儿的空间共享意识及能力便可获得稳固的发展。

②建立轮流点选的规则

中班，随着幼儿交往需求的增强，他们更喜欢与同伴结伴或共同游戏。但由于自主意识的迅速发展，每名幼儿都开始有了自己的想法和主张，所以，同伴间常常会因为节目、角色扮演、使用道具等问题发生矛盾。

发生上述问题时，教师可以用问题引导幼儿思考，如"大家都想先表演自己喜欢的节目怎么办""都想扮演同一个角色怎么办"等。当教师将一系列问题抛给幼儿时，幼儿主动提出用轮流的方式解决问题。但即使幼儿能说出轮流的方法，也不代表他们会轮流活动。所以，教师还应让幼儿在具体活动中，将轮流玩的方法演示出来，通过这样的行为练习来强化幼儿轮流的规则意识，将轮流的概念转化为轮流的行为。

（3）大班：凸显幼儿的合作与规划意识

①建立合作协商的规则

大班，随着幼儿合作意识、合作水平的日趋发展，合作成为此阶段游戏的重要特点。合作游戏时，幼儿常常会因为个体的需求、意见、兴趣等不同产生分歧与争议。所以，建立合作协商的规则就显得尤为必要。那么如何协商呢？比如，在学跳民族舞时，有的幼儿想跳蒙古舞，有的幼儿想跳新疆舞，争执不下，这时有幼儿主动提出用"包剪锤"或"黑白配"的方式来确定协商的结果。由于这一规则是大家都认同的一种较为公平的方法，问题很快就得到了化解。

②建立规划与练习的规则

随着幼儿自主合作意识的增强，一些幼儿还可能对当下活动提出设想，如变哪种队形、做哪些动作、和谁一起表演等。比如，在《小苹果》舞中，幼儿对该舞蹈的动作已熟悉到自动化的程度。为了满足幼儿自我实现、自我挑战的需要，教师提供了若干张四人共同表演的队形图，供幼儿自主变换队形时使用。幼儿将事先规划好的队形变化通过练习表现出来。良好的规划与练习的过程，可以让幼儿有目的、有计划地执行自己的预想，并通过练习，做好表演前的准备工作，使合作协商发挥了真正商量的意义。

四、音乐区的活动与指导（配微课）[1]

根据《指南》，幼儿艺术学习与发展目标包括喜欢自然界与生活中美的事物，

---

1 "音乐区的活动汇总表"见附录。——编者注

喜欢欣赏多种多样的艺术形式和作品，喜欢进行艺术活动并大胆表现，具有初步的艺术表现与创造能力。因此，在音乐区域活动中，我们要提供多样化的艺术形式供幼儿欣赏、学习和表现。

案例一　音乐区节目单（配微课）

幼儿音乐区节目单分为电子节目单和纸质节目单。

1. 电子节目单

小班幼儿使用的电子节目单多为组合式节目单，每套节目单存放在 PPT 中，便于幼儿自主点播。在为小班幼儿制作节目单时，一般一组节目单的节目数为 4—5 个，每个 5—6 分钟，准备 2—3 组为宜，总时长 10—15 分钟，几套节目单也满足了幼儿自主选择的需要。每套节目单都包括歌唱活动、韵律活动和打击乐活动。

中班幼儿使用的电子节目单也存放在 PPT 中，可以是独立的节目链接，便于幼儿自主选择表演的节目。在中班初期，PPT 中需要保留部分小班下学期末的音乐活动，熟悉的活动会让幼儿乐于表演，伴随着新活动的出现再逐步增加 PPT 的节目内容。与小班音乐活动不同的是，教师还要注意选择教学中的合作游戏，满足中班幼儿互动的需要。

大班幼儿使用的节目单，教师在选择活动时要提供可提升幼儿个人经验的高级榜样视频，如专业舞蹈演员的作品。同时，教师在选择活动内容时，既要满足女生学习与欣赏的需求，又要满足男生学习与欣赏的需求。

2. 纸质节目单

（1）将音乐区中的音乐活动内容以单张图片的形式呈现，并且按照歌唱活动、韵律活动和打击乐活动分类，便于幼儿在这三类活动中选择。

（2）教师可以在墙上提供操作式节目单供幼儿使用。为了吸引幼儿参与到音乐区活动中，可以提供常规型节目单、象形节目单、音乐元素型节目单。

（3）每个参与音乐区活动的幼儿选择 1—2 个节目，放在制作好的节目单底纸上，组成一个新的节目单。表演节目的顺序可由幼儿自主商量后达成共识，培养幼儿规划的意识和能力。

3．制作幼儿音乐区节目单的注意事项

（1）保留部分上学期末的音乐活动，让幼儿有熟悉的内容，乐于表演。

（2）教师提供 2—3 个同类型的活动，供幼儿自主选择。

案例二　音乐区活动中韵律活动的选择（配微课）

▶ **活动价值**

帮助幼儿在音乐区表演学习过的早操或律动，引导幼儿进一步感受乐曲的韵律及欢快、有力的特点。

音乐区如何选择适宜的韵律活动呢？可以从以下几点考虑。

1．选择适合幼儿在音乐区中练习的集体教学活动

（1）与生活经验紧密结合的韵律活动

小班幼儿自我意识开始萌芽，好动好模仿，教师在选择时可以更多地选择与幼儿生活经验紧密联系的韵律活动，如小班典型的韵律活动"生活模仿动作"。幼儿用动作表现刷牙、洗脸等生活中的行为，在迁移生活经验进行游戏的同时，感受并尝试两拍一下合乐做动作。

（2）合作性韵律活动

大年龄的幼儿交往意识逐步发展，教师为幼儿提供活动材料时，可以将教学中的合作性韵律活动作为活动内容，满足幼儿两两结伴或多人结伴游戏的需要。

（3）基本舞步的学习

各年龄段幼儿都需要学习一些基本舞步。比如，中班的基本舞步"踵趾小跑步"，教师既可以在音乐区中提供韵律活动"郊游"，也可以提供韵律活动"摘果子"，以期在不同的韵律中进行同一种舞步的练习，同时让幼儿保持新鲜感。

2．选择幼儿感兴趣的其他韵律活动

（1）教师应关注幼儿的兴趣，选择相应的活动

除了集体活动中的韵律活动，教师还应关注幼儿的兴趣，选择相应的活动。比如，教师通过观察发现小班幼儿均对武术操充满兴趣且没有特别的性别差异，因此，教师可在音乐区投放相关音乐活动，如《功夫宝宝》，动作简单易学又不乏武术气势与气息。幼儿可以观看视频，尝试合乐表演。这些幼儿自己喜欢的活动能够

极大地提高他们参与活动的专注性。

（2）给予幼儿自由表现的机会

除了观看视频舞蹈还应给予幼儿充分的自由表现的机会，鼓励幼儿进行自由舞蹈。教师可在音乐区根据幼儿兴趣，投放适宜自由舞蹈的音乐。音乐的选择可以是幼儿在集体活动或生活中较为熟悉且易于用动作表现的音乐。比如，《大树妈妈》是幼儿在集体活动中学习过的歌曲，幼儿可以迁移生活中已有的对大树的认识，创编动作，进行自由舞蹈。

自由舞蹈对幼儿而言可能具有一定的挑战性，幼儿会因动作匮乏而怯于表现，教师应予以肯定，增加表演幼儿自信心的同时，降低其他幼儿的紧张感，激发幼儿参与活动进行自由表现、创造性表现的兴趣。

案例三　小班音乐区打击乐活动的开展（配微课）

随着小班幼儿自我意识的逐渐萌芽，教师可结合该阶段幼儿好奇、好模仿、好表现的特点，在音乐区提供适宜的音乐与乐器供幼儿开展打击乐活动，满足幼儿对不同乐器的探索需求，提高幼儿对音乐的感受与表现能力。

小班音乐区打击乐活动的选择

1. 选择课程中延伸而来的活动

小班音乐区打击乐活动从何而来呢？大部分可以从课程活动中延伸而来。这样，一方面，可以满足幼儿个性化学习与深度学习的需要；另一方面，熟悉的活动也增加了幼儿获得成功感的机会，保持了幼儿的好奇心与乐于尝试的积极性。

2. 选择其他幼儿熟悉、节奏简单的歌曲进行活动

待幼儿能较为熟练地使用乐器时，教师可以选择幼儿较为熟悉的歌曲，在幼儿对音乐节奏有较为明确的感知与体验后，引导幼儿尝试为歌曲伴奏。

以《我爱我的幼儿园》为例

▷ **核心经验**

学习一下一下合乐演奏并尝试探索不同乐器的不同演奏方式。

▶ **相关经验**

发展手部肌肉的控制力与双手动作的协调性。

▶ **活动准备**

1. 铃鼓、沙锤、串铃等乐器，PPT 课件。

2. 幼儿在集体活动中初步了解该活动，对音乐节奏熟悉。

▶ **活动指导**

1. 观察幼儿能否听提示语开展活动

小班幼儿进入音乐区活动时，教师首先要关注幼儿能否根据提示语自主开展活动，如根据提示语拿放乐器等。若幼儿不能根据提示语活动，教师可以引导幼儿注意倾听。

2. 观察幼儿能否看视频、听音频进行合乐演奏

小班初期，音乐区打击乐活动多以幼儿观看教师录制的视频进行模仿学习为主，因此，教师需观察幼儿能否看视频进行合乐演奏。

当幼儿能跟随视频进行合乐演奏时，教师可将提供的视频换成纯音频，逐步减少给予幼儿的支持，鼓励幼儿听音乐进行合乐演奏。

当幼儿不能跟随视频进行合乐演奏时，教师需观察了解幼儿出现问题的原因。一般可能有以下两种原因。

（1）乐器使用的问题。若幼儿对如何使用乐器感到困难，教师可适时进行个别指导，帮助幼儿学习乐器的使用方法。

（2）合乐性的问题。若幼儿不能使用乐器一下一下地合乐拍奏，教师可在区域内陪同游戏，重点指导该幼儿进行一下一下地合乐拍奏，帮助幼儿感受音乐的节奏感。

3. 鼓励幼儿探索使用其他乐器进行合乐演奏

当幼儿对教师提供的活动熟悉后，幼儿会自发探索、尝试使用音乐区内的其他乐器。对此，教师应给予幼儿充分探索的时间和空间，在保证幼儿自主探索的前提下，逐步帮助幼儿学习不同乐器的使用方法。

案例四　中班音乐区打击乐活动的开展（配微课）

▶ **活动价值**

能够有针对性地帮助幼儿学会用正确的方法使乐器发出和谐的声音，帮助他们在操作乐器的过程中，使手腕、手臂动作获得协调发展。

中班的打击乐活动主要包括：集体教学中的打击乐活动、区域活动中的看图指挥同伴进行乐器演奏、尝试运用部分替换的方法为打击乐作品配器。

活动一：我会看图做指挥

▶ **核心经验**

尝试听音乐看图谱，指挥同伴进行乐器演奏，进一步感受节奏及乐曲的结构。

▶ **相关经验**

愿意与同伴轮流担当小指挥。

▶ **活动准备**

1. 幼儿在集体活动中演奏过乐器，初步感受过乐曲的节奏和结构，如《爷爷为我打月饼》。

2. 演奏中使用到的乐器、U 盘、图谱。

▶ **活动指导**

1. 确定小指挥

（1）多数幼儿想当指挥

教师观察幼儿能否在音频的提示下，确定小指挥。在集体活动中，因为活动时间有限不能满足所有幼儿当小指挥的愿望，这时就可以在音乐区引导幼儿练习当小指挥，指挥其他幼儿演奏。当有两名或以上的幼儿想要担任小指挥时，教师可先观察幼儿之间是如何解决此问题的，如果幼儿无法解决，教师可以建议他们使用猜拳或黑白配的方法解决问题。

（2）没有幼儿愿意当指挥

当没有幼儿愿意主动担任小指挥时，教师可适当鼓励能力较强的幼儿试一试，并表示当他有困难时,教师可以和他一起指挥,帮助幼儿克服畏难情绪。

注意:当指挥确定下来后,教师再观察其他幼儿选择乐器的情况,重点关注幼儿选择的是不是图谱上的乐器。

2. 教师在观察的基础上进行适当的指导

(1)幼儿初次指挥时,教师的站位可以是与幼儿同向的。

(2)当幼儿熟悉图谱后,教师可以逐渐退出。

(3)最后幼儿可以独自轮流指挥演奏。

3. 在小指挥的指挥及音乐的伴奏下,尝试看图谱演奏乐器

(1)幼儿看图指挥演奏

幼儿初次指挥时可以是看图指挥。

(2)幼儿用动作指挥演奏

当幼儿对乐曲的结构熟练掌握后,可以用动作进行指挥。

4. 演奏结束时教师观察幼儿能否在音频中提示语的提示下将乐器送回家

活动二:配器游戏

▶ **核心经验**

愿意根据自己对打击乐的理解,尝试运用部分替换的方法为打击乐作品配器,感受不同的音响效果。

▶ **相关经验**

尝试运用对应的方法替换乐器。

▶ **活动准备**

1. 幼儿在集体活动中学习过打击乐作品,如《爷爷为我打月饼》,并且在音乐区中玩过打击乐活动。

2. 压膜好的小卡片。

▶ **活动指导**

1. 观察幼儿替换乐器图片的情况

(1)如果无幼儿愿意尝试替换,教师应鼓励能力较强的幼儿进行尝试。

（2）如果有较多幼儿想尝试替换乐器，教师可先观察幼儿如何解决，如果无法解决可提议运用猜拳或黑白配的方法决定由谁操作。

2. 活动初期，幼儿可先只替换一种乐器尝试进行演奏，待熟悉后再替换两种以上的乐器进行替换演奏

3. 幼儿在替换的过程中不仅可以轮流替换小指挥，还可以轮流替换乐器

案例五 大班音乐区生活物品打击乐活动的指导（配微课）

大班音乐区打击乐活动的来源

1. 集体打击乐活动。

2. 幼儿推荐的打击乐活动。

3. 教师推荐的打击乐活动。

在教师推荐的打击乐活动中，需要考虑到打击乐活动形式的多样性，激发大班幼儿参与演奏活动的兴趣。教师将生活中的材料投放到音乐区中，幼儿尝试运用生活物品进行打击乐活动，教师给予适宜的指导。

大班音乐区生活物品打击乐活动的指导

生活中的很多物品，如常见的纸杯、锅、餐盒、盘子、碗等，在敲击时会发出美妙的声音，这些声音巧妙地组合在一起，就是动听的旋律。现在，我们就以纸杯为例，谈一谈生活物品在打击乐活动中的运用及教师指导。

活动：纸杯会唱歌

▷ **核心经验**

尝试运用多种方法让纸杯发出声响，并通过与同伴协商、合作，共同表现出一定的节奏模型。

▷ **相关经验**

能够与同伴协商、合作。

▷ **活动准备**

1. 将运用纸杯演奏的视频添加在音乐区 PPT 中，便于幼儿在区域活动中欣

赏、借鉴。

2. 4—6个纸杯、便于幼儿摆放纸杯的操作台。

3. 电子触摸屏或电脑、鼠标。

▶ **活动指导**

1. 幼儿在音乐区中自主选择玩纸杯，可鼓励他们播放视频，观察模仿让纸杯发出声音的方法。

2. 观察幼儿敲击纸杯的情况，鼓励他们自由探索敲击方法，通过协商共同确定演奏的形式、节奏的变化等，表现出一定的节奏模型。

3. 当幼儿探索出不同的演奏方法后，教师可鼓励他们完整表演。

▶ **活动延伸**

1. 可鼓励幼儿选择自己喜欢的音乐，用纸杯进行打击乐演奏。

2. 可鼓励幼儿尝试将纸杯替换成其他的生活物品，如易拉罐、餐具等，感受不同物品敲击出来的声响效果，体验演奏的乐趣。

案例六　大班音乐区民族舞蹈的选择与指导（配微课）

民族舞蹈的选择

1. 民族舞蹈作为多元文化的一种类型，可供大班幼儿在音乐区感知、学习。

2. 在音乐集体活动中学习的民族舞蹈。

在音乐集体活动中，教师会提供一些幼儿比较容易接触和了解的民族舞蹈，如藏族舞、新疆舞、蒙古舞、傣族舞等。

3. 幼儿推荐的民族舞。

教师鼓励幼儿将自己喜欢的民族舞蹈推荐给全班幼儿，在音乐区进行自主学习。

这些舞蹈的动作元素要有明显的民族特征，便于幼儿明确地感知，易于幼儿辨识。这些民族舞蹈投放到音乐区后，幼儿通过自主点播，学习上肢动作、基本步伐、队形变化等，表达自己对民族舞蹈的理解。

活动：大家来跳民族舞

▷ **核心经验**

自主选择欣赏、模仿学习、表演民族舞蹈，感受中国民族舞蹈的动作特点和多样性，积累民族舞蹈的动作语汇和表达经验。

▷ **相关经验**

愿意与同伴共享活动资源。

▷ **活动准备**

1. 幼儿具有民族舞蹈的相关经验，可将幼儿在集体音乐教学活动中学习过的民族舞音乐添加在原有音乐区 PPT 中，如维吾尔族舞蹈《五人新疆舞》、藏族舞蹈《小卓玛上学》等。

2. 选择适合幼儿欣赏、模仿学习的成品民族舞蹈视频，添加在原有音乐区 PPT 中，如蒙古族舞蹈、傣族舞蹈等，特别注意要提供男性舞蹈视频供幼儿模仿学习。

3. 便于幼儿观看的大镜子一面、电子触摸屏。

4. 根据幼儿学习的需要提供一些视频剪辑动作图谱。

▷ **活动指导**

1. 幼儿进入音乐区，自主选择、点播、欣赏、练习民族舞蹈

（1）有的幼儿遇到不会做的动作时，会主动将视频内容反复播放，仔细观察视频中的舞蹈动作，进行模仿学习。

（2）有的幼儿会看着大镜子中自己的动作，不断进行自我调整，直到自己满意为止。

（3）有的幼儿会看着动作图谱模仿学习自己喜欢的民族舞蹈动作，这些都是幼儿进行自主学习的方式，这些材料也是幼儿自主学习的支撑。

（4）教师要关注男生的练习情况，鼓励他们欣赏、模仿学习男性表演的民族舞蹈，感受舞蹈的阳刚之气。

2. 集中交流

（1）邀请参加音乐区民族舞蹈表演的幼儿在全班幼儿面前表演、展示。

（2）根据幼儿在活动中出现的问题或困难进行讨论，找到解决问题或困难的策略，如动作做不好可以用什么方法解决。

▶ **活动延伸**

大班幼儿自我表达与合作表演的需求越来越强烈，尤其在舞蹈表演中，他们开始逐步关注队形的变化与造型的设计。此时，教师在环境中要为幼儿提供支撑。

如为幼儿提供队形变换图，一来可以丰富幼儿的队形经验，二来可以更加直观地让小团队中的每个人理解队形变换的顺序和方式。

在队形图谱中，以小红旗代表参照物，参照物可以是音乐区中的钢琴、乐器架或者其他物品，便于幼儿明确队形中每个人的站位和朝向。具体参照物由全班幼儿协商后确定，每个班可能会不一样。圆形图标的白色一半表示幼儿的脸，黑色一半表示幼儿的后脑勺，通过黑白配的形式帮助幼儿明确脸朝哪个方向。队形图谱需要塑封，便于幼儿反复写、画、擦拭。

在使用队形图谱时，幼儿先商量好代表自己的数字，再选择2—3张队形图，在图上标出数字代表自己的站位，最后还要参照队形图中自己的位置，共同排练从一种队形变化到另一种队形，以确保跟随音乐表演时，能够很快地将事先规划好的队形变化表现出来。队形排练的过程也是规划的过程，可以让幼儿有目的、有计划地执行自己的预想。

案例七 **大班音乐区歌唱活动的指导——以"京歌"为例（配微课）**

关于"京歌"

"京歌"是大班幼儿接触到的富有中国戏曲特色的歌唱形式，它是一种运用京剧的唱腔、曲调、程式，加上现代音乐元素来表演的艺术形式。教师可将剪辑好的音乐投放至音乐区，供幼儿自由表演，感受戏曲的韵味。

活动：京歌"大吊车"

▶ **核心经验**

感知戏曲曲调的风格特点并跟随伴奏表演戏曲或有戏曲风格的歌曲。

▶ **相关经验**

丰富对中国戏曲文化的认识。

▶ **活动准备**

1.《大吊车》伴奏及原唱视频

▶ **温馨·小·贴士**

大班幼儿的平均音广度为8度。教师在将歌曲伴奏投放进音乐区时，要确保伴奏的曲调适合大班幼儿的音域范围。

2. 幼儿对京戏有一定的认识

▶ **温馨·小·贴士**

在将《大吊车》投放进音乐区前，教师可组织认识中国戏曲和学唱《大吊车》的相关集体活动，使幼儿对歌曲和京戏的韵味有初步的感知。

▶ **活动指导**

1. 幼儿欣赏、观察模仿"京歌"视频

学习"京歌"此类别具民族韵味的歌曲时，教师可以在音乐区投放原唱的视频，引导幼儿观察模仿，感受、学习唱"京歌"时的神态与动作。

2. 了解幼儿演唱的情况，鼓励幼儿大胆表演

活动初期，幼儿对独自在音乐区表演"京歌"依然有胆怯感。此时，教师可鼓励幼儿两两结伴或多人围成圆圈，共同表演，降低个人单独表演的紧张感。

当幼儿能够独自、大方地表演时，教师可以提供小话筒或服饰等材料，给予幼儿充分展现自我的机会，鼓励其大胆表演。

3. 教师平行参与，引导幼儿在歌唱中表现"京歌"的特点

当幼儿能较自如地表演"京歌"时，教师可以平行参与幼儿的活动，尤其要注重引导幼儿表现出"京歌"拖长腔的艺术特点，提升其对"京歌"的经验。

4. 交流与欣赏，促进幼儿互相学习

为鼓励和引导更多幼儿参与到活动中来，加深对"京歌"活动的认识，教师可将个别幼儿在活动中的表演录像给全班幼儿欣赏或邀请幼儿在集体前进行表演。在集体交流中，引导幼儿互相学习，发现同伴表演京歌的"韵味"所在，丰富对"京歌"的认识。

案例八 声音玩起来（配微课）

幼儿对自己的声音充满了好奇，他们经常会自发地发出嘟嘟嘟、哒哒哒的声响，并乐在其中。大班幼儿不仅喜欢倾听自己的声音变化，并且具备一定的规划意识和合作能力，教师如果善于引导幼儿发现这些声响的特殊音效，并在音乐区中为幼儿提供自主探究的支持性材料，那么就能够让幼儿将自己的声音玩起来，并在这种特殊的艺术形式中发挥幼儿的创造性，提高幼儿的规划意识与合作能力，体验玩声音的乐趣。

▶ 核心经验

尝试运用多种声音和不同的节奏模型，通过与同伴协商、合作，共同玩声音游戏，感受不同声响交织在一起的特殊艺术形式。

▶ 相关领域

能够与同伴协商、合作。

▶ 活动准备

1. 供幼儿欣赏的人声伴奏歌曲 1—2 首。（可以搜索网络资源）

2. 供幼儿借鉴的声音节奏元素若干（可以自行录制，或者下载网络相关资源），添加在音乐区 PPT 中。

3. 用于记录声音标记的纸张，用于摆放声音标记的底板。

4. 用于录播的 iPad 一个、三脚架一个。

▶ 活动指导

1. 集体欣赏无伴奏歌曲视频

（1）欣赏前，教师请幼儿注意倾听视频中的声音，发现有什么不同的声音，这

些声音有什么特点。

（2）欣赏后，请幼儿说一说自己听到了什么声音以及自己的发现。

2. 幼儿进入音乐区，尝试进行声音节奏游戏

（1）幼儿可以进一步观看 iPad 上的人声伴奏视频，进一步发现其特点，如一个声音是一直重复的，不同的声音可以重叠在一起或逐步累加。

（2）幼儿自主点击 PPT，尝试学习声音节奏元素。

声音节奏元素的提供是对幼儿活动的支撑，供幼儿借鉴。

（3）幼儿自选声音伴奏元素，协商先后出现的顺序，尝试声音节奏游戏，并运用 iPad 录播表演视频，进行欣赏和自我调整。

幼儿可先单独尝试，再两两结伴，到逐步累加到四人或以上。

幼儿运用 iPad 录播不仅可以记录自己的声音作品，在观看视频、自我欣赏的过程中，不断激发尝试的兴趣，更重要的是便于幼儿进行反思，发现问题，并自我调整、不断改进。

3. 幼儿通过摆放记录单，规划好每种声音节奏元素出现的顺序及次数，尝试有计划地玩声音

当幼儿对游戏玩法日趋熟练后，可鼓励幼儿创编出更多的声音节奏元素，并提供纸、笔让幼儿用自己想到的标记记录自己创编的声音。记录单的使用便于两名以上的幼儿进行合作游戏，他们可以将记录单摆放在底板上，将自己想到的声音出现顺序直观地表现出来，有利于提醒幼儿何时发声，这种形式不仅提高了幼儿的规划意识，而且提高了幼儿的合作能力，使多人合作的声音游戏更加有趣！

第六章
美术区的建构与指导

一、美术区的价值

《指南》中提到，"幼儿艺术领域学习的关键在于充分创造条件和机会，在大自然和社会文化生活中萌发幼儿对美的感受和体验，丰富其想象力和创造力，引导幼儿学会用心灵去感受和发现美，用自己的方式去表现和创造美。"幼儿美术教育作为幼儿园艺术领域教育的重要组成部分，受到普遍的重视。教师不仅会设计和组织各种丰富的美术集体活动，还在其他领域及日常活动中渗透美术教育，美术区的创设也越来越受到教师的关注。

美术区是教师依据美术教育目标、课程内容，遵循幼儿年龄特点和发展水平，有目的、有计划地创设美术环境，提供幼儿感兴趣的多样化的美术活动材料和内容，以促进幼儿自主地与环境、材料、同伴充分互动，使幼儿获得个性化学习与发展的游戏区域。它是实现美术教育目标的有效途径，是实施美术教育内容的重要环节，是落实美术教育任务的重要手段。

美术区宽松自由、自主开放，是幼儿园美术集体活动的一种延伸和拓展，同时作为幼儿园美术教育活动的独特内容，占有不可或缺的一席之地。美术区以幼儿兴趣为本，以开展自由操作性的美术活动为主，让幼儿在玩中思考、探索、尝试，体验色彩变化和创作的乐趣，逐步积累美术经验和技能，有助于凸显"感受与欣赏""表现与创作"这两大核心目标，有利于实现其对幼儿"感受美、欣赏美、表现美、创造美"等方面的独特价值。

1. 美术区以情感熏陶和兴趣萌发为重点，满足每一名幼儿审美体验的需求

美存在于每个人身边，存在于幼儿周围的每一个事物中。美术区的创设应以"情感熏陶和激发兴趣"为核心，通过展示丰富的艺术作品，运用多样的表现形式，营造具有艺术感的意境，创设具有审美情趣的空间，满足幼儿对美好事物的憧憬和向往，并始终伴随于幼儿的活动之中，自然渗透于幼儿的创作之中。教师通过设置富有情趣的游戏情境，引导幼儿发现环境中各种艺术作品所具有的独特美，感受不同表现形式所营造的意境美，吸引幼儿主动参与，积极投入到美术区活动之中，不断激发幼儿对美术活动的兴趣，获得审美体验，促进身心愉悦发展。

2．美术区以材料丰富和形式多样为原则，以满足不同层次幼儿个性化活动的需要

幼儿天生是个艺术家，涂涂画画、做做玩玩是幼儿展现自身情感、认知和想法的方式之一。《指南》的艺术领域中指出，"幼儿对事物的感受和理解不同于成人，他们表达自己认识和情感的方式也有别于成人。"幼儿个性有别、兴趣需要不同、能力发展也存在差异。在自由开放的美术区中，丰富多样的操作材料满足了不同层次幼儿的需要，他们可根据自己的兴趣、能力和经验，自主选择、创造性地综合运用美术材料，开展玩色绘画、造型探索、想象制作等多样化的美术活动，体验用色彩、线条、立体造型等进行个性化的艺术表现。教师可以有意识地观察幼儿的创作过程，关注不同经验、不同能力的幼儿，针对个体差异，给予个性化的指导和帮助，不追求千篇一律，不追求"个别精英"的培养，采取适用于每一个独特个体需求的策略，满足不同层次幼儿活动的需要。

3．美术区以大胆想象和自由创造为核心，满足幼儿创造性表现的需要

在幼儿的世界里，一切都是有生命的，有感情的，这就是他们与生俱来的想象能力。《指南》的"艺术领域"中指出，"幼儿艺术领域学习的关键在于充分创造条件和机会，在大自然和社会文化中萌发幼儿对美的感受和体验，丰富其形象力和创造力；引导幼儿学会用心灵去感受和发现美，用自己的方式去表现和创造美。"因此，在美术区中，教师不应以成人的审美标准评判幼儿作品，不追求幼儿每次活动结果的完美，不强求统一的美术技能的集中训练，而是在自由分散的活动形式、宽松自主的活动氛围中，给幼儿提供大胆想象和自由创造的机会，充分满足幼儿创造、想象的需求，增强幼儿美术表现的信心。

二、美术区的环境创设（配微课）

有人说，美术区环境最容易创设，摆上桌椅，放上各种美术工具和材料，张贴一些大师的艺术作品和现成的幼儿作品就可以了。殊不知，既要让美术区环境体现审美性，又要兼顾幼儿的活动需求并非易事，这需要教师的精心设计、合理规划。

1．规划区域活动空间布局，满足幼儿活动需要

美术活动有绘画、泥工、纸工等不同类型，因此，美术区需要相对开阔的空

间，供幼儿根据自身情况选择内容，并保证幼儿美术能力发展的全面性。

小班阶段，幼儿对涂涂画画特别感兴趣。因此，教师充分利用墙面、桌面和地面，铺设大面积的底纸，设置成"绘画墙""颜料桌"和"涂刷地"，并创设情境吸引幼儿参与活动。幼儿可以用印画的方式给墙上的"大树"添上"树叶"，可以在桌上尽情涂画"毛线球"，可以在"马路"上用玩具车玩"车轮滚画"的游戏，也可以涂刷用各种纸盒组合而成的汽车、动物等。在幼儿初学使用剪刀、糨糊、油泥时，我们将美术区分隔出相对独立的剪纸区、粘贴区和泥工区，使幼儿可在相对独立的小区域中专注地进行活动。

中班阶段，随着幼儿经验的丰富和能力的增强，创造性的活动越来越多。考虑到不同类型活动的均衡性，教师将美术区分隔为绘画区、泥工区、折纸区和综合材料创意区，幼儿可根据自己的兴趣和能力选择不同的活动内容。随着活动内容的丰富和操作形式的多样，实物图片、制作步骤、常见工艺品等都可作为环境的组成部分。

大班阶段，幼儿感知能力和表现能力逐渐增强，喜欢用多种方式表达自己的认识和情感。因此，可在创设主题式环境的基础上提供多种类型的材料、工具满足幼儿创作和表达的需求。

（1）结合课程内容，创设主题式环境

区域中，教师可围绕班级开展的主题活动内容，创设凸显主题特色的环境氛围。如开展京剧主题时，将各种具有代表性的特色脸谱悬挂在区域中，或是组合成一张超大的京剧脸谱，以夸张、强烈的视觉效果、凸显主题特色，营造主题活动的氛围。

（2）集中摆放工具材料，凸显让幼儿自主选择和自主操作的氛围

随着幼儿年龄的增长，美术活动的内容不断丰富，操作形式相对复杂，幼儿在美术活动中需要同时使用不同的美术工具和材料。因此，教师应集中摆放美术活动所需的各种物品。这样，幼儿能够一目了然地看到工具和材料所在位置，满足在美术区进行自主创作的愿望。

2. 展示作品，体现作品的价值

美术区的活动特点在于只要幼儿参与了就会产生作品。对于这些作品，教师要整体规划，让作品真正发挥其教育价值。

（1）多样化地展示作品

小班阶段，美术区里会有大块的操作背景墙，教师可事先设计适宜的背景，配

合画面主题、季节、时令，注意色彩的和谐搭配，将审美情趣的培养渗透其中。幼儿每次完成的作品都可自由黏贴在上面成为一幅幅美丽的风景画。对于小班幼儿单个的作品，教师可进行组合设计，使其更具艺术性。如将幼儿涂刷的纸盘制作成"果实"悬挂在"大树"上。

中大班阶段，随着幼儿个人美术作品的增多，作品内容、呈现方式也各不相同。可将画纸悬挂于区域中，或是张贴在立柱上，或是组合布置于墙面上。中大班幼儿已经有能力自主参与环境创设，教师可留出合适的位置，提供足够的空间，引导幼儿以不同的方式展示自己的作品。如，教师在墙面上布置了网格和夹子，幼儿可将绘画作品夹于其上；投放敞开式的梯状置物架，幼儿可随时展示自己的手工作品。

（2）关注幼儿未完成的作品

有些作品在一次活动中无法完成，因此，教师既要重视幼儿已完成的作品，又要关注幼儿未完成的作品如何放置，既可以分类摆放，也可以悬挂张贴。一方面未完成作品本身也具有观赏价值，体现了一种未完成的美；另一方面未完成作品张贴悬挂在环境中也提醒幼儿主动完成任务，激发幼儿再创作的兴趣。

环境对幼儿的成长具有重要的影响作用，教师在开展美术区活动时应注重环境的影响，引导幼儿感受美、欣赏美、表现美、创造美。

三、美术区的活动材料（配微课）

美术区中幼儿的想象、创造需要依托材料，但一次性投放的材料数量、品种并非越多越好，教师不仅要关注材料本身的特点，还要考虑幼儿的年龄特点和发展需要，有目的地筛选，循序渐进地投放。

1. 注意材料的多样性

美术活动追求的是创意，而创意来自生活。教师要善于利用自然物，如树枝、树叶、石头等；留心发现生活中随手可得的日常物品，如回形针、纽扣、纸杯、纸盘等；以及平时不用的废旧物品，如卷纸筒、纸盒等。这让幼儿充分感受到材料的多种用途和多种变化，体会到生活中只要有创意即可变废为宝。

随着幼儿绘画形式和内容日益丰富，幼儿可在区域中利用宣纸、刮画纸、牛皮纸、蜡光纸、毛笔、油画棒、马克笔、油墨滚筒等，自主学习水墨画、线描刮画、版画等不同的绘画形式，感受和体验不同的绘画效果。

另外，一些现代美术表现形式，如灯光沙画等，也可适当引进美术区。教师还可以利用 iPad 下载适合幼儿使用的美术类 APP，让幼儿体验折纸、制作陶泥花瓶等活动，利用 APP 中艺术作品即刻成型的创作效果，激发幼儿参与美术活动的兴趣，丰富和拓展幼儿的美术经验。

2. 注意材料的层次性

小班阶段，幼儿精细动作发展尚不完善，可选择紧密联系幼儿生活经验的活动，提供适合抓握、易于操作、步骤简单的工具和材料，如，用蔬菜、印章、瓶罐进行印画的活动，又如，车轮滚画、刷纸箱等大面积的自由涂画。这些材料在初次投放时种类不宜过多，但数量要充足。

中大班阶段，幼儿能较自如地控制手腕和手指动作，灵活地使用工具，合作意识逐渐增强，因此，可适当增添相对精细的辅助材料，如吸管、毛根、牙签等，帮助幼儿实现自己的想法，使作品更加完整、丰富和精美。

3. 注意材料的摆放

美术区的材料摆放既要便于操作，又要体现秩序感。对不同年龄的幼儿采用不同的材料摆放方式，会对幼儿的活动有一定的促进作用。

小班阶段，教师根据活动内容将相应的材料就近放在操作区的桌面、台面或地面上，方便幼儿随时拿取，简化整理和收拾的程序。

中大班阶段，可采取材料超市的形式，材料分门别类地用统一的敞开式置物筐或收纳盒放置，集中摆放于多层开放式的材料柜或置物架上，让幼儿根据自己的需要挑选、使用。

教师应意识到生活中的任何一种材料都可成为幼儿创作的资源，要挖掘不同材料的价值，拓宽幼儿创作的思路。

四、美术区的活动与指导（配微课）[1]

根据《指南》，幼儿美术领域学习与发展目标可以分为感受与欣赏、表现与创

---

1 "美术区活动汇总表"见附录。——编者注

造两部分，因此，美术区域活动中的材料可分为绘画和手工两个方面。

案例一　涂涂刷刷真有趣（小班　配微课）

小班幼儿很喜欢玩颜料，他们不满足于只是用手玩，他们更喜欢用工具玩颜料。

▶ **核心经验**

能用刷子在各种材料上涂刷，对色彩感兴趣。

▶ **相关经验**

1. 发展小手肌肉的力量和灵活性。

2. 发展手眼协调能力。

▶ **活动准备与活动过程**

1. 层次一

教师给幼儿提供大刷子和大纸箱。大刷子便于小班幼儿抓握，大箱子利于幼儿在上面自由地涂刷。在颜料的提供上，由于小班幼儿还没有选择颜色的意识，教师应尽量选择同类色，这样刷出的作品色调更和谐，也利于培养幼儿的审美能力，提升幼儿对颜色的敏感性。

在开始涂刷箱子的时候，有的幼儿会用刷子在纸箱上用力来回地蹭，他们发现刷子头特别容易毛糙，和幼儿讨论之后，他们明确了要沿着一个方向刷。

刷好的大箱子，教师可以有意识地组合成可爱的形象，如大象、长颈鹿、机器人等，还可以结合主题变成地铁、公交车（照片）等交通工具。

2. 层次二

随着幼儿年龄的增长，教师给幼儿提供了一些小刷子和纸盘，以提高幼儿手眼协调能力和动作的精确性。活动中可以引导幼儿先刷盘子的一面，刷的过程中，幼儿发现如果立刻刷另外一面，刚刷好的盘子会粘在底板上，讨论后，幼儿提出可以等一面的颜料干了再刷另一面。刷好的盘子还可以继续装饰，如，可以将幼儿自己搓的纸球装饰在上面作为水果，可以剪成小花，还可以装饰成果娃娃或者画上五官，变成可爱的人脸。

3. 层次三

接着可以提供有一定深度的纸碗，由于增加了深度，刷的时候更具有挑战性。为了便于幼儿涂刷，可以让幼儿先刷碗的外面，在刷的过程中，有的幼儿横着刷，有的竖着刷，后来幼儿发现将碗口放在桌上，竖着刷更方便。刷好的小碗可以两两组合，变成红色的小灯笼，装饰在教室中，增添节日气氛；还可以把三个组合在一起，变成一棵圣诞树。

4. 层次四

有了前期的经验，接下来就可以提供纸杯了，纸杯的深度更深，口径也更小。幼儿将纸杯内外都刷上颜色之后，可以变成美丽的小花，也可以组合成大大的花球。

案例二　盖印画，玩起来（小班　配微课）

小班幼儿玩颜料，不仅可以用刷子涂涂刷刷，还可以用许多有趣的物品进行盖印。

▶ 核心经验

用多种物品蘸颜料印画，对色彩和不同印痕感兴趣。

▶ 相关经验

1. 学习共享材料、空间。

2. 学习用简单的语言表达自己的观察。

▶ 活动准备和活动过程

1. 首先可以给幼儿提供有把手的海绵印章、颜料盒，有把手的海绵印章比较便于幼儿抓握。海绵印章的把手尾端要做上颜色标记，便于幼儿盖印的时候对应摆放和蘸颜料，养成良好的操作习惯和材料收放习惯。用海绵印章可以印出各种各样的水果图案。

2. 除了用海绵印章，还可以用生活中的物品盖印。我们和幼儿讨论之后，他们带来了瓶口大小不一样的瓶子。教师可先请幼儿将瓶盖拧下来，用瓶口进行盖印，结合幼儿的生活经验，教师设计了海底世界的背景，让幼儿用瓶盖印出大大小小的泡泡。

活动过程中，教师可以观察幼儿是无目的地在一个地方反复盖印，还是有目的地找空的地方或有意识地重叠盖印。

活动后，教师可以引导幼儿集体欣赏，说一说过程中有什么发现，如，有的大，有的小，有的印得清楚，有的颜色混在一起有变化等。

3. 瓶盖也可以印画，不过由于瓶盖比较扁，不便于幼儿抓握，教师可以将积木贴在瓶盖上，做成自制的瓶盖印章。

4. 除了瓶子，还有许多物品也可以作为印章，如，用乐高玩具印出高高的楼房，将卷纸芯剪出不同造型，印出美丽的花园。

5. 结合春天的主题，还可以将各种蔬菜的横切面、纵切面做成印章投放在美术区中，如青菜、秋葵、灯笼椒、苦瓜、芹菜等。教师可以在底纸上贴上花瓶，引导幼儿将蔬菜的切面蘸上颜料印在花瓶上，变成一瓶美丽的花。

案例三　我的萝卜长大了（小班　配微课）

小班自然角种植了各种各样的萝卜，幼儿提出想给萝卜照张相，于是在美术区，他们用颜料画萝卜。

▶ **核心经验**

感受和发现萝卜的变化，用写生画的方式表现。

▶ **相关经验**

喜欢接触自然，能对萝卜进行细致观察。

▶ **活动准备**

红色、绿色、橘色的颜料和画笔，以及幼儿以前涂好土地的大底纸，还有实物萝卜。提供大大的纸，可以让幼儿同时作画，便于他们互相欣赏、学习，借鉴同伴的作品。

▶ **活动过程**

1. 第一次画完之后，有幼儿提出问题：大家画的萝卜全部都是在土外面的，可是他看到的萝卜不一样。幼儿到自然角仔细观察萝卜之后，发现原来种在花盆里的萝卜只有一部分在外面。

2. 幼儿第二次进区后画的萝卜有的红，有的绿，有的高，有的矮，还有幼儿发现有的萝卜上下颜色不同，上面是红色，下面是白色。

3. 很快，萝卜长出了叶子，幼儿在自己的萝卜上也画出了叶子，叶子越长越大，在欣赏同伴的作品后他们发现大家画的萝卜叶子都一样，原来幼儿迁移了以往画叶子的经验，画的叶子大都是椭圆形的。在又一次细致观察后，他们发现三种萝卜的叶子形状各不相同。

4. 萝卜开花了，幼儿用自己的方式画出了萝卜花。他们发现有的花是白色的，还有点粉，花蕊是黄色的。

案例四 眼中的老师我来画（中班 配微课）

▶ 活动准备
油画布框、各色丙烯颜料、3 号和 10 号油画笔、水桶、抹布。

▶ 核心经验
尝试用色块、线条表现出人物头像的主要特征。

▶ 相关经验
感知人物的五官特征。

▶ 活动过程
到了中班以后，幼儿绘画的内容更加丰富，初步开始接触人物画。但一开始就让幼儿画完整的人物画，对他们来说有一定难度。因此，针对中班幼儿的年龄特点，教师选择了人物半身画作为幼儿绘画人物的突破口。

可是用什么方式来画？是线描画还是颜料画呢？

从美术的角度来看，人物本身就是由多个色块组成的，幼儿可以把自己观察到的人物外貌特征用相应的色块组合绘画成人物画像。而线描画需要把人物外貌特征用线条的方式提取出来，这对幼儿来说有一定难度。因此，颜料画比线描画更适合中班的幼儿。

可是画谁呢？爸爸？妈妈？还是老师？

绘画人物需要仔细观察人物的外貌特征，最好能随时观察到需要绘画的人物。经过讨论，幼儿决定绘画班级中的三位教师。因为，教师每天都在班级中陪伴着他们，随时都能看见，画画的时候也可以随时观察教师的外貌特征。

根据幼儿的讨论，教师准备了班级中三位教师的照片。提供什么样的照片也是我们需要考虑的。最好选择外貌特征差异较大的教师半身照片，如有长发的、短发的、扎马尾辫的、留刘海的、直发的、卷发的、有戴眼镜的、有不戴眼镜的……以便幼儿在绘画过程中能够表现出不同的人物头像画。

教师将这些照片布置于美术区的环境中，便于幼儿绘画时仔细观察。

幼儿开始绘画了，可是先画人物的什么部分？后画人物的什么部分？怎么画才不会使画布上的颜料混在一起呢？经过幼儿的尝试和讨论，他们发现对于人物头像画来说，可以分成三步：

第一步，画人物的面部和颈部。教师引导幼儿观察照片或班级中教师的脸型后进行绘画，表现不同的脸型，如圆脸、瓜子脸、方脸等。绘画时可提供 10 号油画笔，大号的油画笔能够更快地表现出大色块的内容。刚画好时，画布上的颜料还没有干，不适宜在面部继续进行绘画，以免颜料混色，无法突出清晰的面部特征。

第二步，画人物的上衣。此时，可鼓励幼儿给画中的教师穿上不同颜色的衣服。

第三步，画人物的头发和五官。因为五官是小色块的、头发是线状的，因此需要改用 3 号油画笔，小号的油画笔能够画出更精细的部分来。

第四步，给衣服装饰花纹，并添加背景。对于中班初期的幼儿可引导他们用不同的形状给服装或背景进行装饰。

当幼儿绘画教师一段时间后，对人物画已经有了初步的了解。此时，教师可以引导幼儿绘画身边的人物，如爸爸、妈妈、爷爷等。

当幼儿不满足于绘制身边的人物时，教师还可以提供不同艺术大师的人物绘画作品让幼儿进行欣赏、模仿、绘画。在绘画的过程中可以鼓励幼儿有自己的想法，发型的改变、服装的变化、背景的替换都可以表达幼儿自己的想法。

在绘画人物画的过程中，幼儿不仅学会了人物画的绘画方法，还提高了他们的观察和表征能力。

案例五 和 iPad 学折纸（配微课）

▶ **核心经验**

通过观察 iPad 上的折纸步骤图，掌握折纸方法。

▶ **相关经验**

愿意与同伴轮流操作 iPad，学习折纸。

▶ **活动准备**

"宝宝学折纸"APP，正方形彩色纸。

▶ **活动过程**

我们从中班开始就逐步培养幼儿自主学习的意识，所以我们在 iPad 中提供了"宝宝学折纸"APP，一开始只提供 6 个折纸内容。

APP 中的语音提示也为幼儿探索折纸方法提供了支持。幼儿通过简单的操作了解折纸符号的意思。如沿虚线对折、沿虚线向外翻折等。幼儿可以根据自己的能力水平，由易到难解锁更多复杂的折纸内容，所以"宝宝学折纸"APP 可以一直沿用到大班。

APP 中有两个键，点击自动播放键，可以从头到尾完整播放折纸过程；点击键手动播放键，可以看一步折一步。

刚开始提供"宝宝学折纸"APP 时，幼儿非常感兴趣，但是只满足于点击翻页键，从头到尾完整欣赏折纸过程，而忽略了每一步的折纸方法，往往会出现看完了动态步骤图，却不会折纸的现象。经过讨论"我们可以怎么和 iPad 学折纸呢"，有的幼儿提出可以先浏览一遍完整的步骤图，初步理解折纸的内容，再看一步折一步，跟随语音的讲解提示同步折完后，再点击"继续"，直到折出完整的折纸作品。

通过跟 iPad 学折纸，幼儿逐步掌握了双三角、双正方的折法，并且掌握了同一个内容的不同折法。

在日常游戏中，我们设计的是两名幼儿共同使用一个 iPad，在活动中也培养幼儿相互合作的意识，增加幼儿交流讨论的机会。有的幼儿在操作过程中只关注自己操作 iPad，忽略了同伴的存在，我们组织幼儿讨论"两个人玩时要怎么样和 iPad

学折纸呢"。幼儿认为两人一起和 iPad 学折纸，需要相互照顾，在遇到不会折的时候还可以互相商量。同伴不会折的时候，就不能再翻页了，要等同伴折完了再翻。在和 iPad 学折纸的过程中也能促进幼儿和同伴学习，为幼儿提供了多途径学习的平台。

利用 iPad 学折纸，让幼儿体验到了"没有教师教，我也能学会折纸"的成功感。

在幼儿折纸的过程中，教师要鼓励幼儿坚持完成作品，不能半途而废，所以我们也为幼儿创设了作品展示区，给幼儿提供了分享作品的平台。

幼儿也很愿意将自己的作品带回家给家长欣赏，更激发了幼儿折纸的兴趣。

案例六　与大师蒙德里安对话——红黄蓝创意画（配微课）

▶ 核心经验

通过欣赏大师蒙德里安的《红黄蓝的构图》，了解构图方法，尝试选择不同的构图方法、颜色搭配进行创作。

▶ 相关经验

尝试在不同的底板上进行创造性的艺术表达。

▶ 活动准备

1. 蒙德里安《红黄蓝的构图》图片。
2. 纸黏土，锡纸，纸板，油画笔，红色、黄色、蓝色的丙烯颜料等。

▶ 活动过程

幼儿随着年龄的增长，参观美术馆的经验逐渐丰富。对于大师的名画也很感兴趣，并萌发了向大师学习，要做一做，画一画名画的想法。我们根据幼儿的年龄特点和需求选择了蒙德里安的画，因为他的画主要由线条和色块组成，对于这个年龄段的幼儿来说，画面构图相对简单，便于幼儿在欣赏的基础上进行创作。

在欣赏过大师的作品后，我们引导幼儿用锡纸画的形式来表现红黄蓝的构图。

幼儿用纸黏土在底板上分割出形状的块面，再将锡纸揉皱，覆盖在纸板上，捏出线条的纹理，最后再利用红、黄、蓝三色丙烯颜料在分割好的块面中进行填色。

因为每名幼儿的创作想法不同，所以最后呈现的作品也各不相同。

在幼儿制作的过程中，教师可以鼓励幼儿选择不同的方法来分割底板，制作富有自己特点的红黄蓝锡纸画。

在理解蒙德里安作品的基础上，幼儿提出"能不能把别的东西制作成红黄蓝的作品呢"，于是教师组织幼儿讨论，鼓励幼儿结合自己的意愿及材料的特点，在不同的物品上进行创造性的艺术表达。如手工"红黄蓝动物画"、泥贴"红黄蓝瓶子"、泥贴"红黄蓝纸盘"。

教师还找来了大纸箱，让幼儿在和同伴的自由创作中体验制作的乐趣。最后的作品成为的角色游戏"红黄蓝公交"的游戏材料，让幼儿可以用自己的作品玩起来！

随着本活动的不断深入，班级的环境也渐渐变为红黄蓝，幼儿在动手操作的同时更加深刻地感受到了大师名画的特点以及红黄蓝三种颜色产生的美感！

案例七 陶泥花瓶（线上线下活动 大班 配微课）

▶ 核心经验
结合 iPad 游戏，运用陶泥制作花瓶。

▶ 相关经验
探索陶泥台、刮片、雕刻刀等多种工具的使用方法，感受陶泥的特性。

▶ 活动准备
1. 线上材料："陶泥花瓶"APP。
2. 线下材料：陶泥、陶泥台、刮片、雕刻刀、毛笔、油画笔、各色颜料等。

▶ 活动过程
进入大班之后，幼儿不再仅仅满足于油泥、纸黏土的操作，教师需要提供具有挑战性的新的操作材料，所以我们选择了陶泥开展美工活动。幼儿直接用陶泥制作花瓶有一定难度，我们在 iPad 上找到了一个制作陶泥花瓶的 APP，引导幼儿先玩线上游戏，丰富有关陶泥花瓶外形、花纹装饰的经验。当线上和线下同时有类似操作游戏时，线上活动更能调动幼儿参与的兴趣，因此，教师会首先选择线上游戏活动，操作简单且便捷。待幼儿建立信心之后再提供线下材料，这样幼儿主动参与的意识会更强。

教师鼓励幼儿在线上游戏中通过塑形、烧制、上色、设计花纹、准备拍卖、获得金币的操作过程设计不同造型、不同图案的陶泥花瓶。与此同时，教师提供了幼儿设计的花瓶图稿和参考纹样图片为幼儿的创作提供支持。

刚开始玩线上游戏的时候，幼儿发现可以设计花瓶的花纹和图案都比较简单，想要获得更丰富的花纹，就需要卖出作品获得金币，再利用金币购买不同价位的精美花纹，这一发现大大激发了幼儿玩线上游戏的兴趣。

经过一段时间的游戏，幼儿便不满足于线上操作，更有幼儿提出"我想要做个真正的花瓶"。

根据幼儿的需要，教师开始提供线下游戏，让幼儿利用真实的材料制作陶泥花瓶。在操作的过程中，问题又出现了，幼儿光拿着设计图，还不能将平面的花瓶做成立体的花瓶，于是，教师在实际操作中给幼儿提供了 APP 中陶泥花瓶设计图以及陶泥花瓶的实物，引导幼儿观察实物花瓶，对比花瓶设计图，尝试制作自己设计的陶泥花瓶。

幼儿在制作的过程中，通过不断调整，花瓶越来越精致。

教师可以为幼儿提供陶泥花瓶的展示区，供幼儿分享、借鉴同伴经验，进一步感受制作陶泥花瓶的乐趣。

附　录

健康区活动汇总表

健康区（身心状况）活动汇总表

《指南》中的目标

1. 具有健康的体态。
2. 情绪安定愉快。
3. 具有一定的适应能力。

对于年龄小的幼儿，教师在日常生活中更多地要关注他们身心状况的发展。随着幼儿年龄的增长，他们对自己身体的生长开始关注，并且能够在教师的引导下通过一些活动材料记录和了解自己身体的生长变化。

年龄班	序列	活动名称	核心经验	材料	玩法	照片	其他说明
大班	1	查视力	学习看视力表，关注自己的视力情况	视力测量表，视力表5米外有条红线	与同伴合作：一人站在红线后，一手持遮挡物遮住左（右）眼，测量视力；一人指视力表，从大指到小，从上往下指		可引导幼儿将自己的视力情况做简单记录，关注视力的变化
	2	我长大 我健康	学习使用各种测量工具量身高、体重，关注自己的身体变化、身体健康	身高测量图、地秤、记录本	1. 与同伴合作，测量自己的身高体重，观察数字，并记录 2. 幼儿将自己记录的测量数据与身高、体重量表进行对比，了解自己是否健康		

健康区（动作发展）活动汇总表

《指南》中的目标

1. 具有一定的平衡能力，动作协调、灵敏。
2. 具有一定的力量和耐力。
3. 手的动作灵活协调。

小班幼儿正是大肌肉动作的发展阶段，除了户外的体育锻炼，也可在室内放置一些适合幼儿进行室内运动的小型器械，不断激发幼儿参加运动的兴趣，满足幼儿大肌肉动作发展的需要。因此，遵循《指南》中健康领域目标，根据班内空间的实际情况，教师在小班健康区里提供适宜的大肌肉运动的活动内容。随着年龄的增长，幼儿的动作能力不断增强，运动量也会相对增加，通过户外的体育运动，提高幼儿的体能，促进幼儿大肌肉动作的发展。因此，中班后期和大班健康区里的大肌肉活动内容可逐渐减少，发展小肌肉动作的内容可逐渐增加。

"大肌肉动作发展"活动汇总表

年龄班	序列	活动名称	核心经验	材料	玩法	照片	其他说明
小班	1	打怪兽	能单手向前投掷2米左右	大小不同的铁盒盖，做成怪兽的外形；磁铁做成飞镖	站在2米开外的位置向铁盒盖投掷飞镖		选择靠墙的位置放置投掷点，沙包投向墙面，确保安全
	2	吊环	能双手抓在悬空吊走10秒左右	购置的吊环器械	双手紧握吊杆，双脚悬空，口数10下后就放手落地		吊环下可提供软垫，让幼儿落地时有缓冲

续表

年龄班	序列	活动名称	核心经验	材料	玩法	照片	其他说明
小班	3	蹬蹬乐	能灵活交替连续蹬腿	饮水机大桶1个、和PVC管连接成的器械、软垫	面朝上平躺在软垫上，抬起双腿，脚连续蹬踩大桶		桶的高度适合幼儿躺下后向上抬腿能踢到的位置
	4	骑小车	能双脚灵活交替踩踏小车，保持身体平衡	儿童健身车	坐在小车上，双手扶把手，双脚交替踩踏踏板		1. 可提供播放器或点读笔点读单，幼儿可边运动边欣赏音乐 2. 器械避免面向墙壁，使幼儿能与区域中的同伴进行互动
	5	扭扭腰	能平稳地站立并灵活地扭动身体，保持身体平衡	儿童扭腰器	脱鞋站在底座上，双手扶把手，左右来回扭动身体		
中班	1	吊环	能双手抓杠悬吊起15秒左右	购置的吸盘吊杆	双手紧握吊杆，双脚悬空，口数15下后放手落地		可悬挂于门框间或墙壁夹角处，高度以幼儿悬吊后双脚悬空为宜
	2	投篮	能连续自抛自接球或向篮投接球	皮球、儿童篮球架	在空地上自由拍球、抛接球、投篮		环境中可提供记分牌，记录投球、进篮的情况，与计数相结合

续表

年龄班	序列	活动名称	核心经验	材料	玩法	照片	其他说明
中班	3	体感游戏	能快跑20米左右	触摸屏一体机、逃生游戏等	看屏幕中的逃生路线连续快跑		可与音乐区的一体机结合使用
	4	瑜伽	能灵活地做身体造型动作，保持身体平衡	瑜伽图、瑜伽垫	看瑜伽图或视频学做动作		可提供播放器，播放舒缓音乐
大班		体感游戏	能快跑25米左右	触摸屏一体机、逃生游戏等	看屏幕中的逃生路线连续快跑		可与音乐区一体机结合使用

"小肌肉动作发展"活动汇总表

年龄班	序列	活动名称	核心经验	材料	玩法	照片	其他说明
小班	1	夹夹乐	学习使用夹子，增强食指与大拇指的配合能力和力度	各种塑料或木质小卡通夹子、卷纸芯筒	用夹子在卷纸筒上任意累加，形成树的造型		可与美术活动结合，创造性地表现不同造型
				光盘和彩纸制作的狮子、太阳造型	在光盘边缘依次夹上夹子当作毛发		可与数学活动结合，创造颜色模式

续表

年龄班	序列	活动名称	核心经验	材料	玩法	照片	其他说明
小班	1	夹夹乐	学习使用夹子，增强食指与大拇指的配合和力度	KT板制作的动物或娃娃的造型	在边缘依次上夹子当作毛发		可与数学活动结合，创造颜色模式
	2	绕毛线	学习双手协调地绕毛线	不织布制作的鱼骨头	用毛线沿着鱼骨的缝隙来回穿线		
	3	穿项链	手眼协调地穿珠	木珠、尼龙绳或毛根	一个接一个地将珠子穿到绳子上		可渗透数学的内容，有规律地按颜色或形状间隔穿
	4	扣花环	学习纽扣对洞扣上，提高手指灵活性	宽松紧带、长度与幼儿头围差不多，上面订上5~6颗大一点儿的纽扣；彩色无纺布剪成的花朵，中间留有洞眼并锁好边	选择花瓣，在订有纽扣的松紧带上扣上，做成花环		扣好的花环可戴在头上，提高幼儿兴趣
	5	剪豇豆	能用剪刀沿直线剪长蔬菜的茎叶	清洗干净的豇豆（或韭菜、葱、蒜苗等），剪刀、小筐	将长长的豇豆或茎叶剪成一小段一小段（用小筐接住），豇豆头尾处去掉一小节		幼儿园厨房前购买些表蔬菜，以便开展活动

续表

年龄班	序列	活动名称	核心经验	材料	玩法	照片	其他说明
中班	1	大狮子长头发	学习双手配合打结的方法,提高手指配合能力	彩色粗毛线,纸盘绘制成的大狮子头像,边缘打好洞	用毛线穿过纸盘上的小洞,上下交叉打成结		在此基础上可学习打蝴蝶结
	2	剥毛豆	学习两手配合剥毛豆	冲洗干净的毛豆,装毛豆米和毛豆壳的小筐	将毛豆剥开,挑出毛豆米		可选择厨房吃毛豆的时候,提前将毛豆投放到区域中
大班	1	编地毯	学习用间隔穿的方法编织地毯	软泡纸剪成各种造型底板(水果、花朵、鱼等),将中间等距剪开;各色长条软泡纸,长于底板的宽度	将第一根长条纸一上一下间隔穿,第二根穿的方式和第一根相反,依此类推		可与美术活动结合
	2	织围巾	学习用翻、编的方法在固定的支撑架上编围巾,增强手部动作的精细度	用较粗的卷纸筒(或塑料小罐)做底座,在卷纸筒的四周间隔一定距离固定粗软吸管,制成简易织围巾机	先将毛线在一根管上固定(打死结),逐一绕过每根吸管。再围着吸管绕线,将已固定毛线的上方,在已固定毛线拉起翻到吸管外即面的毛线拉起翻好一针,依次进行		可提供制作视频,幼儿自主学习
	3	编织帽子	学习用穿、编的方法借助圆形纸筒编织毛线帽	卷纸筒芯,各色粗毛线	将毛线依次奎入卷纸筒芯并打结		可提供制作视频,幼儿自主学习

续表

年龄班	序列	活动名称	核心经验	材料	玩法	照片	其他说明
大班	4	编辫子	学习用三根绳子交叉编织辫子，发展双手协调性和手指灵活性	数纸剪成长条，三根一组将一头并齐打结固定，悬挂在网格架或贴在窗台、桌边	学习将三根绳子依次交错编成辫子，编好后打结固定		1. 还可制作成女娃娃头像造型，可设置情境，给娃娃编辫子 2. 可与美术活动结合，用编好的绳子纸开展盘绕造型等活动
	5	编网	学习用相邻的两根线打结的方法编网，发展双手协调性和手指灵活性	将彩色缎带或麻绳等固定在编网架上，操作要领如图示	从第一根开始，将相邻的两根并拢打结，以此规律打结后编成网状		可编织鸭蛋网，端午节时带鸭蛋装鸭蛋（配视频）
	6	绣花	学习用上下穿针的方法沿图形的轮廓刺绣，提高手部动作的精细度及手眼协调能力	刺绣花，绣花布，儿童用无头绣花针，毛线（或十字绣套装材料）	将绣花针穿上线，第一针从上向下绣，第二针从一段距离向上绣，依次沿着轮廓线绣		教师在绣布上画简单的图案，以便于幼儿操作（配视频）
	7	拼豆豆	学习按照图案拼贴塑料豆豆，提高手部动作的精细度及手眼协调能力	底板，参考图，配套的低温小熨斗	将豆豆按照图案拼上，再用电熨斗进行加热熨烫成型，剥离底板		教师可引导幼儿自己设计图案
	8	编小包	迁移间隔穿编的方法编织小包	编包的筐架，彩色穿编绳或皮筋	来回沿筐架编穿皮筋		

续表

年龄班	序列	活动名称	核心经验	材料	玩法	照片	其他说明
大班	9	编手环	学习用穿套的方法编织手环	彩色小皮筋，穿编器	在编织器上起头穿编		可根据操作视频中提示，提供层次性材料，满足不同层次幼儿的需求
	10	毛线绕相框	学习用逐个递进的方法沿锯齿绕毛线	彩色粗细毛线，彩色松紧带，纸盘剪成锯齿状	将毛线头固定在纸盘背面，沿锯齿上下绕，间隔等距，直至每个锯齿都绕过		

健康区（生活能力发展）活动汇总表

《指南》中的目标

1. 具有良好的生活与卫生习惯。

2. 具有基本的生活自理能力。

3. 具有基本的安全知识和自我保护能力。

年龄班	序列	活动名称	核心经验	材料	玩法	照片	其他说明
小班	1	给娃娃穿衣	分辨衣服的里外、正反，学习穿脱衣服或鞋袜	布娃娃或毛线动物，各种服装（如儿童背心、套头衣、开衫）	用自己的方式给玩偶穿上衣服		注意选择不同类型的衣服

8

续表

年龄班	序列	活动名称	核心经验	材料	玩法	照片	其他说明
小班	2	叠衣服	学习折叠衣裤	折叠服装步骤图、儿童挂衣架	从衣架上拿取服装，根据步骤图及儿歌提示折叠		1.可直接用幼儿自带的日常的衣服，选择帽衫、开衫、套头衫等。2.可提供折叠衣裤的步骤图
	3	给小动物扣纽扣	学习组扣对洞服扣上，提高手指灵活性	用KT板做成小动物头像；用无纺布做小动物身上多层的衣服，每件衣服的纽扣不同，大小不同的纽扣、有按扣、尼龙魔术贴	自由选择小动物，从里至外把每件衣服扣上		大的底板固定在健康区的墙面上，小的底板可在桌面上操作
	4	晾袜子	学习使用夹子，增强食指与大拇指的配合能力和力度	干净的儿童袜，集中放在筐中，多头晒衣架	找出配对的一双袜子，夹在衣架上		悬挂的高度以幼儿站在地上，手臂稍稍上举就能操作为宜
	5	卷袜子	学习将相同的袜子配对，并用卷翻包住的方法折叠袜子	衣架、儿童袜若干、装袜子的小筐	从衣架上取下配对的一双袜子；根据步骤图将袜头、袜根和袜口对齐，从袜头卷起，用袜口翻拉包住		可提供卷袜子的方法步骤图
	6	剥开心果	尝试剥开心果壳，增强手指的力量及双手协调性，愿意吃干果	用密封透明的器皿装开心果，每人一个小盘子，桌面垃圾桶，点卡2—4	根据桌面上的点卡，取相应数量的开心果，剥开品尝		1.选择易开口的、熟的坚果，如开心果、花生。2.果壳可留在美术区利用

续表

年龄班	序列	活动名称	核心经验	材料	玩法	照片	其他说明
小班	7	冲调饮料	能熟练地用勺子，不贪喝饮料	果珍粉、高乐高等颗粒饮品装在密封玻璃瓶中，小奶粉勺、搅拌勺，装有温热水的玻璃茶壶	用勺子舀1～2勺饮品，再倒上半杯水，用搅拌勺搅拌均匀，品尝		选择夏天开展此活动，增加幼儿的饮水机会
	8	切香蕉	喜欢吃瓜果、蔬菜等新鲜食品	果盘盛放香蕉、小切菜板、塑料小刀	拿一根香蕉剥去外皮，一手握刀一手扶香蕉，将香蕉切成小段后品尝		选择小一点儿的香蕉并将香蕉皮洗干净
	9	剥橘子	能用自己的方式将橘皮剥下来，喜欢吃橘子	果盘盛放小橘子、桌面垃圾桶、餐巾纸	拿一个橘子，剥去橘皮，品尝		1.将橘皮冲洗干净 2.剥下的橘皮可放在美术区玩无痕剪橘皮
	10	剥鹌鹑蛋	探索剥鹌鹑蛋，愿意吃鹌鹑蛋	果盘里装煮熟的带壳鹌鹑蛋、小盘、桌面垃圾桶	拿一个鹌鹑蛋，剥去外壳，品尝		煮熟的鹌鹑蛋用冷水浸过
中班	1	榨果汁	愿意饮用白开水，不贪喝饮料	榨汁机、洗净的当季水果（西瓜、橙子等）、杯子	先将水果切成小块，逐个放入榨汁机，搅拌，榨汁		教师协助幼儿使用榨汁机
	2	拌沙拉	喜欢吃瓜果、蔬菜等新鲜食物	砧板、塑料小刀、勺子，挤捏瓶装沙拉酱，洗净的当季瓜果蔬菜（香蕉、黄瓜等）	将瓜果、蔬菜切成片或小块		教师事先多将食材、工具洗干净，消毒好

年龄班	序列	活动名称	核心经验	材料	玩法	照片	其他说明
	3	爆米花	了解爆米花的制作方法、步骤，协调地舀、置、倒等，增强手部动作的控制能力	1. 爆米花机 2. 食材：玉米粒、黄油、色拉油、糖 3. 工具：小量杯，并在50克的位置贴红线标记	在爆米花机里放1勺糖、2勺黄油，用量杯（到红线处），将量好的玉米放上，盖上透明塑料盖，打开爆米花机，打开爆米花上的开关，爆米花灯亮，爆米花开始工作，红灯灭，爆米花就好了		1. 爆米花做好后，教师帮助幼儿将爆米花机翻转，将爆米花倒进透明的盖子里 2. 可提供制作步骤图或微课
中班	4	做棉花糖	学习制作棉花糖，协调、灵活地用小棒缠绕棉花糖	1. 棉花糖机 2. 食材：白色细砂糖 3. 工具：绕棉花糖的小棒、小勺	1. 等棉花糖机上的红色灯变成绿色后，用小勺在小罐子里舀2勺砂糖，慢慢将砂糖倒进机器中间的小孔，注意观察变化。2. 当机器壁上出现丝状的棉花糖，用专用的小棒将棉花糖绕起，品尝		1. 教师在幼儿操作前打开电源开关，将棉花糖机预热 2. 装糖的盒盖上可贴上数字"2"，提示放砂糖量 3. 教育幼儿保护牙齿，知道吃糖要漱口，吃完糖要漱口 4. 可提供操作过程视频
	5	蒸土豆	学习蒸土豆，并将土豆切成段	1. 小型蒸锅 2. 食材：土豆 3. 工具：切刀、砧板、小碗	1. 将洗净的土豆放在蒸锅中蒸 2. 蒸熟后拿出，等稍微凉一些后再切成段品尝		也可提供红薯进行蒸煮

续表

年龄班	序列	活动名称	核心经验	材料	玩法	照片	其他说明
中班	6	玫瑰花卷	迁移泥工经验，用搓长、压扁、卷起的方法做玫瑰花状的花卷	1. 小型蒸锅 2. 食材：面粉、水、紫薯 3. 工具：切刀、小碗、小盘	1. 将蒸熟的紫薯捣烂成泥与面粉加水和成紫红色面团 2. 将面团搓成长条，切成小段 3. 将小段面团搓长压扁卷成玫瑰花状 4. 放入蒸锅 5. 等蒸熟后用筷子取出摆盘品尝		1. 可迁移泥工经验，做出各种面点、造型 2. 也可用蔬菜榨汁和面，做出彩色面团
	7	煎鸡蛋	巩固打鸡蛋的方法，学习用工具煎蛋	1. 煎锅 2. 食材：油、盐、鸡蛋 3. 工具：木质小锅铲、小碗、勺子、小叉子	1. 煎锅加热，倒少许油，等油热后将小碗中的鸡蛋倒入煎锅中，用锅铲翻面煎好后 2. 等一面煎好后，锅铲翻面煎另一面 3. 直至双面焦黄即可盛到碗里品尝		1. 可让幼儿将鸡蛋打到小碗里，再倒入煎锅中 2. 可提供煎鸡蛋的步骤图和视频
	8	鸡蛋卷	学习打鸡蛋的方法，学习制作鸡蛋卷，体验鸡蛋的不同吃法	1. 鸡蛋卷机 2. 食材：油、鸡蛋 3. 工具：刀、砧板、小碗、小勺子、配套鸡蛋卷小棍	1. 在鸡蛋杯里倒一点油，再打鸡蛋倒入，盖上盖子，按下开关 2. 等待鸡蛋卷烧好后自动弹出，用筷子夹到小碗里，切开品尝		可提供做鸡蛋卷的步骤图和视频

续表

年龄班	序列	活动名称	核心经验	材料	玩法	照片	其他说明
中班	9	做蛋糕	学习制作蛋糕，能使用生活用具完成制作、清洗、整理等力所能及的事情	1. 蛋糕机 2. 食材：面粉、鸡蛋、黄油、牛奶 3. 工具：打蛋器、不锈钢小盆、勺子、蛋杯、不锈钢夹子、油刷、小碗、计时器、抹布	1. 将3个鸡蛋、1勺黄油、3勺面粉、100毫升牛奶依次倒入不锈钢小盆中，用打蛋器将所有食材打匀后倒进蛋杯中 2. 按下开关，将蛋糕机的盖子打开，一手扶盖子，一手用油刷在蛋糕机上刷一点油，之后一锅要刷油，之后不用刷（第一锅要刷油，之后不用刷）3. 将蛋杯中的蛋汁倒进蛋糕机（不要溢出来），盖上盖子，将计时器扭到10分钟 4. 计时器响后打开蛋糕机盖子，一手扶盖子，一手用不锈钢夹子将烤好的蛋糕夹到小碗中		可提供制作蛋糕的视频和步骤图
	10	夹豆子	学习使用筷子，掌握正确的握筷方法，锻炼手部的协调性和灵活性	1. 用颜色、大小不同的小瓶制作底图情境，盖衬底、盒面上粘贴画面，泡沫上设置情境，根据画面画出小洞 2. 将大小不同的芸豆、红豆、绿豆用容器分类盛放 3. 一双筷子放在底图盒里	1. 用右手（或左手）抓握筷子 2. 用筷子夹起豆子，进底图中的小瓶盖里 3. 每个盖里都有豆子后，再将豆子夹回豆盒里		可根据幼儿的实际情况提供材料，如玻璃弹珠、小木珠、软球等

续表

年龄班	序列	活动名称	核心经验	材料	玩法	照片	其他说明
中班	11	小小消防员	了解基本消防知识	iPad，线上 APP	根据 iPad 上语音的提示进行操作		还可寻找、筛选一些健康方面的游戏内容，丰富幼儿健康常识
大班	1	夹核桃	学习使用核桃夹打开核桃，锻炼手部的力量	1. 食材：各种不同的大核桃（如纸皮核桃、普通的硬壳核桃等） 2. 工具：核桃夹、盘子	核桃放在盘子里，探索使用核桃夹打开核桃		可提供规则、玩法提示图
	2	泡茶	了解茶叶的名称，初步学习泡茶的方法	茶具（茶杯、茶壶）；各种茶叶，装在玻璃器皿或茶叶罐中	选取少量茶叶，放入茶杯，用茶壶中的温热水冲泡		喝过的公用茶杯要及时清洗和消毒，也可提供一次性小纸杯
	3	鸡蛋卷	巩固打鸡蛋的方法、学习制作鸡蛋卷，体验鸡蛋的不同吃法	1. 鸡蛋卷机 2. 食材：油、鸡蛋及需要添加的食材如蔬菜（已洗干净）或火腿肠等 3. 工具：刀、砧板、小碗、小勺、配套鸡蛋卷小棍	1. 在鸡蛋杯里放一点油，再打鸡蛋倒入，倒入切碎的火腿肠等配料，盖上盖子，按下开关 2. 鸡蛋卷做好后自动弹出，用筷子夹到小碗里切开品尝		可提供制作鸡蛋卷的步骤图和视频

续表

年龄班	序列	活动名称	核心经验	材料	玩法	照片	其他说明
大班	4	做松饼	学习制作松饼，能使用简单的生活用具完成制作、清洗、整理等所能及的事情	1. 松饼机；2. 食材：面粉、鸡蛋、黄油、牛奶；3. 工具：打蛋器、勺子、量杯、夹子、计时器、抹布、刷、小碗	1. 将3个鸡蛋、1勺黄油、3勺面粉、100毫升牛奶依次倒入不锈钢盆中，用打蛋器将所有食材打匀后倒进量杯中。2. 按下开关，将松饼机的盖子打开，一手扶盖子，一手用油刷在松饼机上刷一点油，之后不用刷（第一锅要刷油）。3. 将量杯中的蛋汁倒进松饼机中（不要溢出来），盖上盖子，将计时器扭到10分钟即可。4. 计时器响后打开松饼的盖子，一手扶好，一手用不锈钢夹子将烤好的松饼夹到小碗中		可提供制作松饼的步骤图和视频
	5	水果拼盘	能双手配合切水果、制作水果拼盘，增强手部动作的控制及协调能力	1. 食材：西红柿、草莓、香蕉等水果；2. 工具：水果刀、塑料盘、一次性纸盘、砧板	拿一个一次性纸盘，到水果盘中选择自己需要的水果，按自己的想法切开，创造性地摆盘，呈现出不同造型		1. 提供容易切的水果，并事先清洗干净、消毒；2. 注意提醒幼儿安全地使用塑料刀等工具，刀不对着同伴；3. 健康区墙上可展示水果拼盘图片
	6	营养配餐	学习自己制订食谱，知道营养均衡更健康	1. 角色游戏小吃店、超市所需的各种食物（肉、鱼虾、豆制品等）材料，并分类摆放在自选区；2. 盘子若干	1. 制订午餐的食谱。2. 根据自己制订的食谱到自选区选择相应的食材。3. 与营养配餐表对比，看看是否均衡营养		环境中呈现营养配餐的基本要领图示、营养配餐表

语言区活动汇总表

《指南》中的目标

1. 认真听并能听懂常用语言。

2. 喜欢听故事。

《学前儿童语言学习与发展核心经验》中的目标

发展幼儿早期文学语言学习与运用经验，包括文学语汇、文学形式、文学想象的经验。

语言区（听）活动汇总表

年龄班	序列	活动名称	核心经验	材料	玩法	照片	其他说明
小班	1	听爸爸妈妈讲故事	喜欢倾听不同家长的录音故事	1. 教师将所有家长录制的音频故事放在电脑（或iPad）中（故事长度3分钟以内），并用幼儿照片作为标记（即哪名幼儿家长讲的故事，就用该幼儿照片）。 2. 耳机与电脑连接。 3. 教师制作点赞墙，有每名幼儿的照片及贴星的位置（如图）	1. 幼儿进区后戴上耳机，根据桌面幼儿照片标记，自由选择自己想听哪位家长讲的故事。 2. 听完故事后在照片墙上给家长点赞（贴星）		家长录制故事前教师需提醒：语速适中，语言清晰，可以和孩子共同录制（配视频）

续表

年龄班	序列	活动名称	核心经验	材料	玩法	照片	其他说明
	2	我说你猜	能听懂录制的音频儿歌，并精测出相应的内容	1. 教师根据幼儿近期开展的相关主题选择幼儿熟悉的内容、简短的问题式儿歌 2. 录制儿歌音频，并选择相关动物、植物等的图片 3. 制作成小微课：在每一个儿歌与答案之间留白20秒（给幼儿精测的时间）	1. 幼儿进区后直接戴上耳机，点击iPad屏幕 2. 根据耳机中的语言精测出动物或植物，并说出相关答案（精不出也没有关系，一会儿会出现答案）		幼儿在与同伴两两结伴时玩游戏是一个问题。如：什么动物鼻子长。教师在录音提问时可编成2个问题如：什么蛋儿小、上面有花纹？（配视频）
小班	3	听老师讲故事	喜欢听教师的录音故事	1. 教师选择一些比较优秀的图画书，并录制成音频 2. 制作相应的目录（如图） 3. 将录音图画书入两个耳机中	1. 幼儿进区，根据耳机上的标记选择自己想听的故事并戴上耳机 2. 听完故事后将耳机还回原处，在记录单上做记录		1. 耳机上做好1、2号标记，与目录标记对应 2. 有新故事时，教师会在两个耳机中同时导入，满足幼儿听新故事的需要 3. 故事是累加式的（耳机与目录同步），幼儿可根据目录，找到自己想听的故事（配视频）

续表

年龄班	序列	活动名称	核心经验	材料	玩法	照片	其他说明
中班	1	贝瓦图书	愿意用iPad反复倾听自己感兴趣的故事	1. 教师在iPad上下载贝瓦图书APP 2. 在贝瓦图书APP里选择适合幼儿年龄的图书	戴好耳机，根据贝瓦图书的界面选择自己想听的故事		教师定期下载、增加故事
	2	听同伴讲故事	喜欢听同伴讲故事，并学习简单评价同伴讲的故事	1. 每名幼儿在家录制一个自己讲故事的视频（可以有动作） 2. 教师将故事放入iPad中，并用幼儿照片做标记 3. 制作听同伴讲故事插牌墙及点赞墙	1. 幼儿进区后先插自己的插牌进行记录 2. 选择同伴的照片插牌（想听谁讲的故事），插进插袋 3. 戴好耳机，在iPad上点击同伴照片，开始听故事 4. 听完同伴的故事后给同伴贴星（点赞）		1. 一段时间后，教师带领幼儿共思反：为什么××得到的星星特别多？为什么你们这么喜欢听他讲故事？ 2. 向同伴学习后，幼儿可记录新的故事，更换自己原来的故事（配视频）

续表

年龄班	序列	活动名称	核心经验	材料	玩法	照片	其他说明
大班		听自选故事	喜欢用 iPad 听各种不同类型的文学作品	1. 根据和幼儿讨论并确定的相关内容，如百科类、身体结构类、地理知识类、童话类等，教师到喜马拉雅中下载相关内容 2. 教师根据下载的内容制作目录单 3. 在 iPad 上制作相同的文件夹	1. 幼儿进区后，根据纸质目录单的内容选择自己想听的某种类型的故事 2. 在 iPad 上点击进入相关文件夹，点击自己想听的内容		

语言区（说）活动汇总表

《指南》中的目标

愿意讲话并能清楚地表达。

《学前儿童语言与发展核心经验》中的目标

发展幼儿口头语言交流与运用经验，包括叙事性讲述和说明性讲述的经验。

年龄班	序列	活动名称	核心经验	材料	玩法	照片	其他说明
小班	1	打电话	愿意给小娃娃打电话	1. 仿真手机一部 2. 纸盒制作娃娃家一个 3. 布娃娃一个	1. 使用仿真手机拨打电话号码 2. 使用连贯语言和"小房子"中的小娃娃对话		
	2	还有谁要上车	能边操作材料边说儿歌，愿意模仿儿歌中关于坐车的语句	小猪、小羊、小狗、小鸡、乌龟、小鸡图片压膜，背面贴贴膜，背面贴积木	根据儿歌内容，边念儿歌边摆放相应的小动物图片		
	3	月亮巴巴	能边操作材料边说儿歌，能口齿清楚地说出儿歌	1. 妈妈、奶奶、鸡蛋、乌龟、小鸡图片压膜，背面贴积木 2. 纸盒、KT板做成月亮造型	根据儿歌内容，边念儿歌，边出示相应图片，进行操作游戏		

续表

年龄班	序列	活动名称	核心经验	材料	玩法	照片	其他说明
小班	4	小柳树钓鱼	愿意对着iPad边操作材料边说儿歌	1. 小鱼、柳树图片压膜，背面贴积木 2. 对应图文提示卡一张	1. 根据儿歌内容，边念儿歌边摆放相应图片 2. 使用iPad自录功能能进行录像，边摆弄图片边说		
	5	小蝌蚪去春游	愿意对着iPad边操作材料边说儿歌	1. 小蝌蚪、青蛙图片压膜，背面贴积木 2. 对应图文提示卡一张	1. 根据儿歌内容，边念儿歌边摆放相应图片 2. 使用iPad自录功能能进行录像，边摆弄图片边说		
	6	我有一个幸福的家	愿意对着iPad边操作材料边说儿歌	1. 爸爸、妈妈、爷爷、奶奶、我图片各一张，纸手指套五个 2. 对应图文提示卡一张	1. 根据儿歌内容，边念儿歌边摆放相应图片 2. 使用iPad自录功能能进行录像，边摆弄图片边说		

续表

年龄班	序列	活动名称	核心经验	材料	玩法	照片	其他说明
小班	7	迎春花	愿意对着 iPad 边操作材料边说儿歌	1. 迎春花、小喇叭图片压膜各一张 2. 图文提示卡一张	1. 根据儿歌内容，边念儿歌边摆放相应图片 2. 使用 iPad 自录功能能进行录像，边摆弄图片边说		
	8	小鸭找朋友	能边操作材料边复述故事情节	1. 小鸭、小兔子、小乌龟、小鸟图片各一张，后面压膜贴积木 2. KT 板制作的池塘背景一个	根据儿歌内容，边念儿歌边在情境中摆放相应图片		如果幼儿不熟悉，可以戴上耳机倾听儿歌
	9	小兔乖乖	能根据故事内容进行表演，并说出重复的对话	1. 兔妈妈、小兔子、大灰狼手偶各一个 2. KT 板制作的背景房子一个	1. 根据儿歌内容，边念儿歌边摆放相应手偶 2. 根据故事内容进行表演		配视频

年龄班	序列	活动名称	核心经验	材料	玩法	照片	其他说明
中班	1	娃娃电台	能基本完整地讲述自己的所见所闻或者所经历的	iPad、纸、笔、做美食的各种游戏操作材料	1. 准备介绍的材料（可以录制儿歌、美食节目，旅游节目，百科知识），制作成节目单 2. 一名幼儿开始根据节目单进行录制，另一名幼儿用iPad拍摄		详细玩法见微课
	2	三只蝴蝶	能根据故事内容进行故事表演，并能表述故事中的角色语言	1. KT板自制的花园背景 2. 播放器 3. 红、白、黄蝴蝶和花朵图片，压膜做成头饰	1. 选择角色头饰，分配角色 2. 播放故事《三只蝴蝶》旁白，幼儿表演并讲述角色的语言		配视频
	3	iPad 录儿歌	能清楚完整地说出儿歌内容并用iPad录制	iPad、话筒、儿歌图片	打开iPad并设置到自拍录像界面		配视频

续表

年龄班	序列	活动名称	核心经验	材料	玩法	照片	其他说明
中班	4	猜猜我是谁	能用准确恰当的词汇讲述所猜人物的基本特征	头套、漏斗、卡片若干	1. 两人依次选择一张卡片给对方戴上，请对方猜卡片内容 2. 猜的人提问，被猜的人回答"是"或"否"。在漏斗漏完前猜对，即成功		配视频
	5	玩偶故事	能比较连贯、有条理地讲述自己想象的故事	自制玩偶若干、自制故事场景	将若干玩偶放置到场景中，进行表演		配视频
大班	1	你说我猜	能准确使用各种名词、形容词讲述所猜人物的各种特征	1. 班级幼儿照片每人一张 2. 眼罩一个	两人或三人游戏。一人随机抽取一张照片，说出这名幼儿的外貌、衣着特征；另外一人猜出该幼儿的名字。猜中交换		
	2	天气播报员	能使用规范、准确、简洁明了的词语讲述天气情况	iPad、话筒、美摄APP操步骤图、天气预报图提示板	1. iPad中下载美摄APP 2. 打开美摄APP，点击录像界面 3. 录制完毕，根据步骤图提示进行视频制作 4. 根据步骤图提示，保存并发布		1. 录制的内容或是发布到班级微信朋友圈、家长、幼儿可随时观看 2. 提供墨迹天气APP，幼儿忘记天气状况时可自主查阅（配视频）

续表

年龄班	序列	活动名称	核心经验	材料	玩法	照片	其他说明
大班	3	配音秀	能根据画面中人物的动作、表情和心理选择较合适的语言进行配音	iPad、话筒、操作步骤图	1. iPad中下载配音秀APP 2. 打开配音秀软件，按照步骤图操作完成配音的录制		根据幼儿兴趣，及时更换配音内容（配微课）
	4	新闻播报员	能使用规范、简洁明了的词句讲述说明性词句组织播报的新闻	iPad、话筒、美摄图、APP操作步骤图、新闻播报报名表、新闻播报绘画册	1. iPad中下载美摄APP 2. 打开美摄APP，点击录像界面 3. 录制完毕根据图提示进行视频制作 4. 根据步骤图提示保存视频并发布		提前绘制新闻内容，看作品播报
	5	班级日记	使用丰富多样的词句讲述，有条理地组织讲述的内容，感知和独白的语境	1. 记录纸（可提供A4彩打纸）、水彩笔 2. iPad	1. 在记录纸上用绘画的方式记录在幼儿园内发生的深刻的事件 2. 向教师、同伴讲述或者用iPad录制自己讲述的内容 3. 教师帮幼儿写下讲述的内容		配微课

语言区（读）活动汇总表

《指南》中的目标

1. 喜欢看图书。

2. 具有初步的阅读理解能力。

《学前儿童语言学习与发展核心经验》中的目标

发展幼儿包括前阅读的经验，包括阅读内容的理解和阅读策略的形成。

年龄班	序号	活动名称	核心经验	材料	玩法	照片	其他说明
小班	1	趣味阅读	喜欢读有趣的图书，爱护图书	可玩、可发声、可触摸的趣味图书	在语言区翻一翻、看一看、玩一玩有趣的图书		
	2	纸质阅读	喜欢看图书，知道看图画书的翻阅规则	"哗里啪啦"系列图画书，《东方宝宝》系列杂志，《早餐你喜欢吃什么》《跟着妈妈咕哒哒走》《咦？这是什么？》《不见了》《长长的》《小黄鸭找妈妈》《大灰狼娶新娘》《雷诺的大洋芋》等内容重复性高、画面主题突出、游戏性强的图书	在语言区将图书一一呈现，每本图书的封面要一目了然，幼儿自主选择想要阅读的图书		相同的图书可以提供多本，定期进行更换
	3	点读图书	能用点读笔阅读自己喜欢的图书，能根据点读图书顺序主动翻阅图画书	1.点读笔 2.配套的图书 3.点读故事目录	1.选择点读故事 2.使用点读笔点封面，在每一页自由点击画面或文字进行阅读		故事可以由教师录制，也可以邀请家长录制

年龄班	序号	活动名称	核心经验	材料	玩法	照片	其他说明
小班	4	电子阅读	通过操作iPad欣赏阅读图画书，能根据画面说出图中有什么、发生了什么事情	1.与纸质图书配套的电子图书 2.iPad，耳机	1.选择对应的耳机和iPad 2.打开iPad，选择想要阅读的图书开始阅读		
中班	1	纸质阅读	能够经常翻阅自己喜欢或与成人共读过的图画书，并能专注地阅读	1.适合本年龄段的图画书，如《妹妹是个跟屁虫》《子儿吐吐》《月亮的味道》《秋秋找妈妈》《点点大浴巾红》《最强大浴的勇士》《猪先生的头发》《小羊睡不着》《一糟很棒的小猪》《大脚丫跳芭蕾》一只很饿的毛毛虫 2.和主题相关的图书，如昆虫类、标志类的图书 3.提供简单的适合中班阅读的说明书，如美工书	根据自己的需要，在各区域选择阅读材料		
	2	电子阅读	通过操作iPad欣赏阅读图画书，能大体说出故事的情节	1.提供与主题相关的APP，如昆虫等 2.iPad，耳机			
大班	1	多元阅读	对图书和生活情境中的文字符号感兴趣，知道文字能表示一定的意义	提供更加多元的图书，如童话故事、成语故事、工具书、科普书（身体构造、地理）等			
	2	电子阅读	通过操作iPad欣赏阅读图画书，并能说出所阅读的作品的主要内容	1.提供拓展其他经验的APP，如古生物探秘、民族等 2.电子图书 3.iPad，耳机	1.选择对应的耳机和iPad 2.打开iPad，选择想要阅读的图书开始阅读		

语言区（写）活动汇总表

《指南》中的目标

具有书面表达的愿望和初步技能。

《学前儿童语言学习与发展核心经验》中的目标

发展幼儿早期书面语言学习与运用经验，包括前阅读、前书写的经验。

年龄班	序号	活动名称	核心经验	材料	玩法	照片	其他说明
小班	1	我喜欢书中的……	喜欢用涂涂画画的方式表示书中看到的东西	1. 图书《捉迷藏》《下一个是我》等 2. 水彩笔、A4纸	1. 阅读图书 2. 阅读完成使用纸和笔画出自己喜欢的内容 3. 教师帮助幼儿用文字进行记录		教师可以定期更换记录的图书
中班	1	好书推荐	愿意用图画和符号表现自己推荐图书的理由	1. 图书封面 2. 幼儿照片 3. 记录纸 4. 水彩笔	1. 看过图书以后选择自己喜欢的图书介绍 2. 说出或者画出推荐理由和推荐人		详细玩法见微课
	2	关于虫虫的问题	愿意用图画和符号把自己关于虫虫问题记录下来，发展幼儿前书写的能力	A4纸、水彩笔	1. 开展过相应主题后儿记录下关于虫虫的问题 2. 可以请同伴、家长、教师帮忙解答		

续表

年龄班	序号	活动名称	核心经验	材料	玩法	照片	其他说明
大班	1	好书推荐	愿意用图画和符号表现自己想要推荐图书的封面、理由等	1. 记录纸 2. 水彩笔	1. 看过图书以后选择自己喜欢的图书进行介绍 2. 选出并画出推荐书目、推荐理由和推荐人		详细玩法见微课
	2	班级日记	愿意用图画和符号表现自己遇到的印象深刻的事情	1. 记录纸（可提供A4彩打纸）、水彩笔 2. iPad	1. 在记录纸上用绘画的方式记录在幼儿园内发生的印象深刻的事件 2. 向教师、同伴讲述或者用iPad录制自己的讲述内容 3. 教师帮幼儿写下讲述的内容		详细玩法见微课
	3	读书笔记	愿意用图画、符号等表现自己看完图画书后的感想	1. 图书 2. 记录纸（四分之一A4纸）、笔	自主记录自己在阅读图书时的发现		1. 可以根据主题选择图书 2. 幼儿记完后可以请教师帮忙记录自己的发现

续表

年龄班	序号	活动名称	核心经验	材料	玩法	照片	其他说明
大班	4	迷你小书	愿意用图画、符号等表现自己创编的故事	1. A4纸、剪刀、胶水、彩笔 2. 教师录制的制作迷你小书的视频	1. 自己创编故事 2. 绘画、制作小书 3. 展示在语言区供同伴阅读		配视频

科学区活动汇总表

科学区（生命科学）活动汇总表

《指南》中的目标

亲近自然。

《幼儿园科学领域教育精要》中的目标

感知生物的身体特征、生物的基本需求、生物的简单行为、生物的生命周期、生物的多样性、生物与环境的相互作用。

年龄班	序列	活动名称	核心经验	材料	玩法	照片	其他说明
小班	1	观察樱桃萝卜	感受樱桃萝卜的生长、了解植物生长需水	1. 幼儿每人种植一盆樱桃萝卜 2. iPad 3. 步骤图	1. 在成人的带动下，照顾萝卜，观察自己种植萝卜过程中的发现 2. 发现变化后拍摄照片		可以选择易成活、生长期短、生长变化明显的植物（如土豆、洋葱等）
	2	观察兔子	感受兔子的成长、了解兔子需要喂食	1. 班里饲养一只兔子 2. 自主选择照顾兔子的日期	轮流在家长的协助下给兔子喂食、打扫兔笼		购买兔子时应选择正规的宠物店，选择打过疫苗的兔子，这样更加安全
	3	小鸡出壳	感受卵生动物的生长过程	鸡蛋孵出小鸡的全过程图片	将图片按小鸡生长顺序排列		本活动结合班级开展的"蛋宝宝"主题开展，结合自然角，主题都可以用图片排序生长过程（萝卜、蝌蚪、蚕宝宝、妈妈怀孕等）

续表

年龄班	序列	活动名称	核心经验	材料	玩法	照片	其他说明
中班	1	观察豆子	感受豆子的生长过程及生长的基本需求	1. 幼儿每组种植一种豆子(黄豆、红豆、绿豆、芸豆、扁豆等),可水培或土培 2. iPad 3. 一组一本观察记录本	1. 在自然角照顾豆子,观察豆子的生长变化 2. 将自己的发现记录在观察记录本上		可以邀请班里有种植经验的家长一起照顾豆子
	2	观察蜗牛	感知蜗牛生长的基本需求	1. 请幼儿在户外捉蜗牛 2. 布置问题墙	1. 在自然角照顾蜗牛,观察蜗牛的进食、排泄等现象 2. 将自己的发现或疑问记录在观察记录本上		也可以选择其他动作较慢的动物,如西瓜虫、蚯蚓等进行观察
	3	豆子向光长	初步感知植物的向光性	1. 自然角种植的豆子发芽后 2. 将豆苗放进有孔洞的大纸盒暗箱里	打开纸箱观察豆苗生长的方向		
	4	变色花	初步感知植物会吸水	1. 白色花朵 2. 滴入水彩颜料的清水	观察花朵色彩的变化		此实验时间较长,教师需鼓励幼儿耐心等待,可以选择大白菜叶、芹菜叶等替换掉白色花朵

续表

年龄班	序列	活动名称	核心经验	材料	玩法	照片	其他说明
大班	1	观察蚂蚁	感知蚂蚁的身体特征	1. 请幼儿在户外捉蚂蚁, 或购置现成蚂蚁工坊 2. 放大镜 3. 布置问题墙	1. 在自然角照顾蚂蚁, 观察蚂蚁的进食、打洞等现象 2. 将自己的发现或疑问记录在观察记录本上		
	2	人体奥秘	感知人的身体特征	1. 骨骼拼图 2. 器官拼图	按自己的经验将拼图拼好		可购置现成的玩具, 也可打印图片玩游戏
	3	观察风信子	观察风信子的生长变化	1. 幼儿按自己的意愿水培或土培一株风信子 2. 日历 3. 每人一本观察记录本	1. 在自然角照顾风信子, 观察它的生长变化 2. 学习连续观察风信子的生长变化, 运用图画等方式记录自己的发现		紧密结合幼儿关注的兴趣点, 以花期、根、水培和土培的不同等为切入点进行集体讨论

科学区（物质科学）活动汇总表

《指南》中的目标

在探究中认识周围事物和现象。

《幼儿园科学领域教育精要》中的目标

感知物体与材料的特性、物体的位置和运动、声光电磁热等物理现象。

年龄班	序列	活动名称	核心经验	材料	玩法	照片	其他说明
小班	1	彩色的世界	感知透过彩色透明膜观察事物会变色	1. 四周用双层KT板固定彩色透明膜 2. 用夹子等将彩色透明膜悬挂在幼儿够得着的地方	通过不同的彩色透明膜观察周围的事物，发现颜色的变化		后期可引导幼儿将彩色透明膜相互叠加，观察颜色的变化
	2	水珠滚滚	通过观察，感知水珠运动	水珠滚滚玩具	翻转玩具，观察水珠的运动		配视频
	3	万花筒	通过旋转，感知万花筒中的图案变化	万花筒玩具	转动万花筒，观察其中图案的变化		
	4	复眼镜	透过复眼镜观察事物，体验复眼的神奇	复眼镜玩具	透过复眼镜观察周围环境		

续表

年龄班	序列	活动名称	核心经验	材料	玩法	照片	其他说明
小班	5	闻一闻	通过嗅觉，感知不同的气味	1. 四个大小一样、透明的塑料瓶，瓶口戳上若干小洞 2. 每瓶中分别装少量气味明显的液体（如白酒、麻油、花露水、醋） 3. 制作白酒、麻油、花露水、醋的实物或标记图片，贴在瓶身上 4. 将瓶子悬挂在科学区的墙壁上，高度以便于幼儿闻为宜	凑近瓶口，用手在瓶口扇动，闻不同瓶子里的气味		可增加或更换不同的气味瓶（如香水等），让幼儿感受更多物品的物道不同的气味。知道不同的气味，感受用嗅觉去感受事物
	6	滴滴瓶	颠倒滴滴瓶，观察物体在滴滴瓶中从上往下落的现象	1. 两个口径相同的透明矿泉水瓶，用宽透明胶将瓶子口对口连接 2. 瓶中装有高度相同的生活中常见的物品（如豆子、米等）	颠倒滴滴瓶，观察物体从上往下落的现象		将不同的滴滴瓶用宽胶带组合连接，观察组合滴滴瓶颠倒后的现象（配视频）
	7	泡泡瓶	摇动瓶子，观察瓶中出现泡泡等现象	1. 透明的瓶子或罐子，装半瓶有颜色的水 2. 在有颜色的水中滴入洗洁精	摇动瓶子，观察瓶中液体出现泡沫		配视频

年龄班	序列	活动名称	核心经验	材料	玩法	照片	其他说明
小班	8	分豆子	用有洞眼的容器装豆子，观察有的会漏下、有的不会漏下的现象	1. 大小不同的豆子（如蚕豆、绿豆）混装在较深的整理箱中 2. 各种有洞的容器（如小篮、漏勺等），大小适宜幼儿操作 3. 舀豆子的材料（铲子、勺子等）	尝试用不同的有孔容器将不同的豆子分离		用不同的有孔容器筛豆子，尝试按种类将不同大小的豆子进行分类
	9	小猴爬树	尝试用拉扯小棒的动作进行探索，关注小猴一点一点往上爬的现象	1. 大树背景、塑封的小猴图片、带孔的塑料夹、长短便于幼儿双手抓握的小棒、长鞋绳 2. 将双股绳子一头固定在大树上，另一头穿过夹子上的小洞，系在小棒两端进行组装	手握小棒，前后拉扯，小猴就会沿绳子一点一点向上移动		两人比赛，渗透公平的原则，只有有声音的"开始"的声音响起才能拉扯小棒，看谁的小猴先爬到树顶（配视频）
	10	钓鱼	感受磁铁吸铁的特性	1. 将磁铁拴在钓竿上 2. 绘画或打印的小鱼图片，在鱼身上用透明胶贴上铁质物品（如回形针、小铁夹等）和非铁质物品（如塑料纽扣等）	用拴有磁铁的钓竿，尝试将贴有不同物品的小鱼钓起来，观察只有铁质物品才能被吸起来		

年龄班	序列	活动名称	核心经验	材料	玩法	照片	其他说明
小班	11	小飞机飞起来	尝试用拨、拧等方法，探索让小飞机飞起来的办法	1.透明一次性塑料杯、玻璃珠若干、吸管、卷纸筒、塑料瓶 2.两个塑料杯套在一起，底向上倒扣，将玻璃珠放在两个塑料杯之间 3.将两个卷纸筒制作的小飞机悬挂在吸管两端，将吸管中部固定在塑料杯底部 4.用塑料瓶将塑料杯支撑起来（配视频）	用拨、拧等动作旋转吸管，吸管两端的小飞机就会飞起来		在生活中寻找各种会转动的物体（配视频）
	12	打电话	感知声音可以从管状材料的一头传到另一头的现象	用管状材料（PVC管、纸筒、塑料软管等）连接成传声筒	一名幼儿对着传声筒说话，其他幼儿在传声筒的另一头倾听		1.可更换不同材质或改变管道的连接方式、悬挂方式等引导幼儿进一步感受声音在管道中的传播 2.角色游戏中，增加"打电话"的游戏
	13	气球飞起来	通过扇风，观察气球从管道中升起的现象	1.将网格架围成三棱柱形，并用毛根固定 2.准备三种不同材质的管道（透明度、粗细不同），并将这些管道固定在网格架上 3.气球若干 4.扇子一把	将气球从管道下方放入，并在管道下方扇风，使气球从下往上飞出		引导幼儿观察不同大小的气球能否从不同粗细的管道中飞出来（配视频）

续表

年龄班	序列	活动名称	核心经验	材料	玩法	照片	其他说明
小班	14	神奇小屋	感知光有明暗	1. 小纸屋一间或大纸盒一个 2. 手电筒一个 3. 纸屋内悬挂玩具或粘贴贴画	1. 一名幼儿关上门，在小屋中藏好宝贝 2. 另一名幼儿利用手电筒在黑暗环境中寻找宝贝		提醒幼儿使用手电筒时要保护眼睛，不能对着自己或者他人的眼睛
	15	小球滚滚	观察小球在轨道里下落的现象	1. 网格架围成三棱柱形，并用毛线固定 2. 不同材质的管（透明度、粗细、封闭程度不同）	将小球放进管道里，观察小球在管道里的下落轨迹		管道可以根据班级区墙面环境来设计（配视频）
	16	陀螺转转转	尝试让陀螺转起来，观察陀螺旋转的现象	各种陀螺玩具（抽拉、拧等）	让不同的陀螺玩具动起来		请幼儿共同收集陀螺玩具，选择较开阔的空地，便于幼儿玩陀螺（配微课）
	17	小火箭	通过按压瓶身，感受火箭升空的现象	1. 塑料瓶瓶身可用漂亮的卡通图案装饰，瓶盖上打洞，并插入一根细细吸管 2. 制作圆锥形小纸帽一项	捏或拍打塑料瓶的瓶身，观察小纸帽飞起来的现象		提醒幼儿发射火箭时速度要快，不能对着他人（配视频）

续表

年龄班	序列	活动名称	核心经验	材料	玩法	照片	其他说明
中班	1	叠高楼	探索将果冻或纸杯不断叠高, 稳固不倒的方法	数量较多的果冻盒或纸杯	用自己的方式将果冻盒或纸杯叠高		配视频
	2	打气球	探索给气球打气的方法	1. 气球皮若干, 装在小篮里 2. 小型手持打气筒	1. 将气球嘴套在打气筒的出气口, 一手捏紧气球嘴, 一手来回拉动打气筒或用脚踩打气筒 2. 两手或手脚配合给气球打气		配视频
	3	水龙卷	探索使瓶中出现水龙卷的方法	1. 彩色纸片 2. 透明罐子中装大半瓶水	用多种方法探索, 瓶中出现表似龙卷风的水漩涡		可以提供不同口径的密封瓶子或罐子, 供幼儿选择进行操作

续表

年龄班	序列	活动名称	核心经验	材料	玩法	照片	其他说明
中班	4	装电池	观察电池的正负极，探索将电池正确装入电池盒的方法	1.电池盒容易拆开的电动玩具 2.各种型号的电池放在小筐中	1.从电池筐中选择合适的电池，并将电池正确安装进电池盒里，让电动玩具动起来 2.玩好后，将电池拆下放回电池筐中		
	5	滑滑梯	感知球会在斜坡上滚下，正方体会在倾斜度较大的斜坡上滑行的现象	1.两个长度相同的塑料透明筒状轨道，在顶端相同处做标记 2.小球和正方体积木 3.两个高矮不同的支架（高支架的高度以正方体能滑动为宜，续支架的高度以球能滚动速为宜）	1.将小球及正方体分别放入高低两个轨道里 2.观察小球及正方体下落的状态		配视频
	6	陀螺转转转	探索用不同材料组装陀螺的方法	1.废旧水彩笔、废旧光盘、小贴纸 2.玩过成品陀螺	1.将水彩笔的笔尖从废旧光盘中间的孔穿过 2.盖紧笔盖，组装成陀螺 3.用手转水彩笔，带动陀螺旋转		幼儿可在光盘或纸盘上装饰花纹，转动陀螺时观察上面花纹的变化

年龄班	序列	活动名称	核心经验	材料	玩法	照片	其他说明
中班	7	开锁	知道钥匙可以开锁，尝试找到匹配的钥匙将锁打开	1.小型锁若干（锁的式样、钥匙不同）2.大小不同的盒子	1.寻找合适的钥匙将锁打开 2.结束时将锁锁起来，钥匙挂回原来的地方		在幼儿逐渐熟悉如何开锁后，可利用大小不一的宝箱，制作开一个宝箱，开锁打开一个宝箱，里面还有小一号的宝箱，一层层开启宝箱（配视频）
	8	多米诺骨牌	感受力的传递	1.购买的多米诺骨牌积木 2.自制底板，画有螺旋、数字等不同的底图	1.沿着底板上的图形排列多米诺骨牌 2.排列完成后，推倒第一张骨牌，观察骨牌能否一张接着一张倒下去		配视频
	9	旋转的小船	感知水的张力，探索小船在塑料板上转动的方法	1.将乒乓球剪开，剪成小花状 2.塑料板、装水的小罐子、抹布	1.将小船放在罐子里蘸水，然后将小船放在塑料板上 2.倾斜塑料板，小船就会转着向低处移动		配视频

续表

年龄班	序列	活动名称	核心经验	材料	玩法	照片	其他说明
中班	10	喂小鸟吃食	探索将小球甩进纸杯的方法，关注力的大小与杯子之间的关系	1.不同长短和质地的绳子、纸杯、棍子 2.将上述材料制作成如右图所示的玩具	握住纸杯，向上甩，观察小球能否甩进纸杯里		配视频
	11	小鸟进笼	体验视觉暂留现象	1.一张纸一面有笼子图案，另一面有小动物图案，将纸压膜 2.将圆形木棒固定在纸片底部	快速转动木棒，观察觉留现象，小鸟好像飞进了笼子里		配视频
	12	硬币滴水	练习使用滴管，感知挤捏滴管顶部力度大小与水滴大小的关系	1.硬币 2.塑料滴管（或洗干净的旧眼药水瓶）3.水	用滴管将水滴在硬币上		配视频
	13	开小船	进一步感知磁铁的特性	1.贴有回形针的小纸船 2.磁铁绑在组吸管或冰棒棍上 3.画有路线图的底板	用磁铁棒在路线图的背面操作，控制小纸船沿着路线图前行		配视频

年龄班	序列	活动名称	核心经验	材料	玩法	照片	其他说明
中班	14	吸小鱼	进一步感知磁铁的特性	1. 装满水的透明塑料瓶 2. 贴有回形针的小鱼 3. 磁铁	用磁铁将水中的小鱼吸走		配视频
	15	镜子照照照	探索用两面镜子让一个物体在镜中变出许多的方法	1. 将两块平面镜粘在一起，两镜面中能完整观察到成像的一个小物体（如猪成像的一个小物体粒或塑料小熊等）	1. 将小物体放在两面镜子的中间，移动镜子 2. 观察镜子中成的像		配视频
	16	吹纸杯	嘴里吹出的空气流动成风，推动纸杯向上移动	大小不一的纸杯若干	1. 将两个纸杯摞在一起，嘴和纸杯在一个水平面上 2. 轻轻吹气，将上面的纸杯吹起		配微课、视频

43

续表

年龄班	序列	活动名称	核心经验	材料	玩法	照片	其他说明
中班	17	纸船沉浮	感知不同纸的吸水性	1. 用报纸、图画纸、皱纸等不同材质的纸折成小船 2. 一盆水	将纸船放在水里，观察哪艘纸船沉得快		配视频
	18	月亮船	感知力的平衡	1. 月亮船 2. 大小、重量不同的积木若干	取大小、重量不同的积木放在月亮船两边，使月亮船保持平衡		配视频
	19	小球滚滚	感知轨道会改变小球下落的路线	1. 将卷纸筒从中间剖开 2. 将剖开的卷纸筒用毛根固定在泡沫板上，卷纸筒可以自由调节角度 3. 小球	1. 调整卷纸筒的角度，规划小球的下落路线 2. 将小球放入轨道观察小球在轨道中下落的路线		
	20	乌龟爬爬	感知皮筋运伸后再恢复原状能带动"乌龟"移动	1. 透明盒子制作的"乌龟壳"、皮筋、油泥、瓶盖、蝴蝶夹 2. 瓶盖钻洞，将皮筋从中穿过，用油泥把两个瓶盖连接起来 3. 用蝴蝶夹把皮筋夹在透明盒子上 4. 玩教具制作视频	1. 手握"乌龟壳"向前或向后拖动，使得皮筋旋转 2. 松手后，观察"乌龟"移动的现象		

续表

年龄班	序列	活动名称	核心经验	材料	玩法	照片	其他说明
大班	1	弹珠轨道	搭建不同的轨道，观察弹珠在不同轨道中下落的现象	弹珠轨道玩具	尝试2人或多人合作搭建弹珠轨道		配视频
	2	纸花水中开	感知纸张的吸水性	1. 牛皮纸、宣纸、包花纸、彩色打印纸、塑料纸等 2. 记录单、剪刀、胶棒	1. 将各种材质的纸剪成正方形，四角向中心折成纸花 2. 将各种纸花放在水中观察哪种纸花先开花		
	3	打棋子	初步感知惯性	1. 尺子 2. 大小一样的棋子5—6颗	1. 将棋子摞起来 2. 用尺子快速击打中间的一颗棋子，让其飞出去，上层的棋子掉到底层的棋子上，棋子保持不倒		配视频
	4	摩擦起电	感知摩擦起电的现象	1. 条形物体（木棒、吸管、塑料棒等） 2. 摩擦物（碎布、塑料纸等） 3. 非常碎的小纸屑或泡沫屑	自选条形材料和摩擦物，相互摩擦后，将条形材料放入碎纸屑中，观察碎纸屑是否会吸附在条形材料上		配视频
	5	看谁放得多	感受水的表面张力	1. 回形针 2. 小号纸杯 3. 水、抹布	1. 把小纸杯装满水 2. 将回形针放入装满水的小纸杯中，观察水面的变化 3. 收拾材料		配视频

45

续表

年龄班	序列	活动名称	核心经验	材料	玩法	照片	其他说明
大班	6	磁铁小车	初步感知磁体同性相斥、异性相吸的特性	1. 用胶枪把磁铁粘在玩具车上 2. 将磁铁用胶枪粘在长条形物体上制作成磁铁棒	通过操作磁铁棒,利用磁铁异性相斥的原理在磁铁棒不碰触小车的前提下,控制小车前进或倒退		后期可投放磁性大小不同的磁铁棒,引导幼儿关注磁性大小与汽车速度之间的关系(配视频)
	7	小灯泡亮了	初步感知简单的电路	1. 电池 2. 灯泡组合玩具	能通过尝试安装电池,连接电线,让灯泡亮起来		配视频
	8	纸桥承重	了解纸桥的制作方法,探索纸桥的承重力,感受纸桥承载重量的神奇	1. 等高的圆柱积木(桥墩) 2. 纸 3. 相同大小的积木块(重物)	1. 折叠纸桥 2. 将桥面架在桥墩上,在桥面上摆放积木 3. 记录纸桥倒塌前,承载的积木数量		1. 层次一:提供相同的纸张,关注折叠次数与承受力之间的关系 2. 层次二:规定相同的折叠次数,提供不同质地的纸张 3. 此活动的纸张大小要相同,积木的形状、大小要相同
	9	比一比,谁最重	学习使用天平,比较物体的重量	1. 积木若干 2. 不同种类、大小的水果若干 3. 天平、记录单	1. 将水果放在红色托盘上,另一边放积木,使之平衡 2. 通过比较积木的数量,推断哪个水果最重		

续表

年龄班	序列	活动名称	核心经验	材料	玩法	照片	其他说明
	10	电子积木	感知简单的电路	购置电子积木玩具	1. 翻看拼装指导手册，选择自己喜欢的拼装内容 2. 观察选择好的拼装图，根据数字选择合适的积木，进行拼装		
大班	11	接水管（线上线下）	了解直通、弯通、三通等不同接口的管子，探索从起点连接不同接口的管子至一个以上终点的方法	1. 管状玩具 2. 卷纸芯 3. 乐高玩具 4. iPad中下载的接水管游戏	1. 选择自己喜欢的位置放置卷纸芯，以确定终点位置 2. 两人合作商量建构的方法，从起点、接点位置放置管子，接通至放置好的卷纸芯 3. "接水管"游戏软件：根据APP中的语音提示，点击水管，让水管转动至合适位置，将管子从起点连接至终点		配微课

续表

年龄班	序列	活动名称	核心经验	材料	玩法	照片	其他说明
大班	12	气球火箭	感知空气流动会带动气球移动的现象	1. 气球、打气筒、透明胶、5厘米左右的吸管一段，棉线一根。2. 将吸管穿在棉线上，把棉线一头固定，一头系上物体避免吸管掉落。3. 气球火箭组装示意图	1. 两人按照气球火箭组装示意图，先打气，然后用透明胶将打了气的气球粘在短吸管上合作组装成气球火箭。2. 拉紧绳子，松开气球嘴观察气球沿着绳子移动的现象		配视频
	13	不倒翁	探索并发现不倒翁不倒的条件或原因	1. 塑料蛋壳。2. 各种可以装进蛋壳的材料（油泥、小石头、圆形纸片等）。3. 纸、笔	1. 在塑料蛋壳里尝试装不同的材料，两半蛋壳对接做成不倒翁。2. 在玩不倒翁的过程中观察现象并进行记录		

续表

年龄班	序列	活动名称	核心经验	材料	玩法	照片	其他说明
大班	14	制作弹簧玩具	感受弹簧受外力会产生形变,去除外力会恢复原状的现象	1. 毛根、细铁丝、铜线 2. 笔、小圆挂钩等辅助材料	利用多种材料制作弹簧		1. 层次一:观察各种各样的弹簧 2. 层次二:使用各种不同的材料(铁丝、毛根等)和工具(小圆挂钩积木、铅笔等)制作弹簧
	15	会飞的硬币	感知弹性和惯性	1. 两个骰子、一枚硬币 2. 内有弹簧的笔	1. 将骰子、硬币、骰子摞在一起 2. 按下弹簧笔帽对准硬币,利用弹簧的弹力使硬币飞出,上面的骰子自然落下		
	16	小木匠做家具	安全使用简单的工具,感受使用工具的高效、便捷	1. 小锯子、锤子、钉子 2. 纸、笔 3. 泡沫海绵	1. 自主设计家具,绘画设计图 2. 用锯子将泡沫海绵锯成需要的形状 3. 用锤子将泡沫海绵和软木板钉在一起,组合成家具		

续表

年龄班	序列	活动名称	核心经验	材料	玩法	照片	其他说明
大班	17	自制陀螺	进一步感知陀螺旋转时力的平衡	1. 管子玩具、雪花片等材料 2. 陀螺设计纸 3. 前期有玩陀螺的经验	1. 在纸上绘画设计自己想要制作的陀螺 2. 用材料依照设计图自制陀螺玩具 3. 尝试让陀螺转起来		在科学区环境中预留贴设计图的空白区域
	18	皮影戏	1. 感知光的明暗取决于光源和光源的距离 2. 发现影子的大小和形状与物体和光源的位置有关	1. 牛奶盒、压膜纸 2. 制作好的皮影形象 3. 手电筒	控制道具，玩皮影游戏		
	19	纸盒娃娃	感知重力和平衡	1. 牙膏盒 2. 不同重量的小材料（如塑料玩具、积木块、磁铁）	1. 选择一种材料表入牙膏盒顶端 2. 将牙膏盒从桌边拉出，观察牙膏盒悬空的距离 3. 更换不同的材料再次实验		配视频

年龄班	序列	活动名称	核心经验	材料	玩法	照片	其他说明
大班	20	神奇的宝瓶	通过调整瓶子和图片之间的距离，观察图片发生的变化	1. 小图片 2. 不同形状的透明塑料瓶，装满水 3. 记录纸、笔	1. 透过瓶子观察图片 2. 记录自己的发现		
	21	乒乓球的浮沉	探索乒乓球在水中三种状态的方法，感知乒乓球、空气、水对三种状态的影响	1. 乒乓球 2. 鱼缸中装有一半水 3. 玻璃杯 4. 乒乓球在水中的三种状态的照片 5. 抹布	1. 观察照片中乒乓球在水中的三种状态 2. 探索用杯子和乒乓球在玻璃缸中再现三种状态的方法		配视频
	22	纽扣叉子平衡杆	学习依照照片组装叉子平衡杆，初步感知平衡	1. 两把大小相同的铁质叉子，一颗纽扣或一枚硬币，厚度以能插在叉头缝隙里为宜，杯口平滑的玻璃杯一个 2. 一张放大的叉子平衡杆探持平衡、立在杯口的图片	1. 两个叉子分别插在纽扣的两端 2. 将组合好的叉子平衡杆的纽扣插在杯口上，调整叉子的位置后，松开手，叉子平衡杆会在杯口保持平衡 3. 记录自己的发现		配视频

科学区（地球与空间科学）活动汇总表

《指南》中的目标

喜欢探究，具有初步的探究能力。

《幼儿园科学领域教育精要》中的目标

感知地球物质的特性，感知天气和气候，太阳与月亮的活动，地球与人类的活动。

年龄班	序列	活动名称	核心经验	材料	玩法	照片	其他说明
小班	1	玩水	感知水的特性	1. 大水盆装水 2. 各种玩水工具：塑料筐、瓶子 3. 擦手毛巾	用各种工具玩水		尽量选择在夏季开展此活动
	2	石头百宝箱	感知石头的特性	1. 幼儿搜集到的各种石头 2. 木头盒子	自由玩各种石头		石头投放前清洗干净，选择没有棱角的，避免划伤（配视频）
	3	玩沙	感知沙的特性	1. 整理箱里装沙子 2. 护衣 3. 各种玩沙工具	用各种工具玩沙		强调安全玩沙的规则，可以将沙弄湿，既利于幼儿塑形，又避免扬沙

续表

年龄班	序列	活动名称	核心经验	材料	玩法	照片	其他说明
小班	4	风车转转转	感知风的存在	风车玩具若干	用多种方法让各种风车转起来		
中班	1	水到哪里去了	初步感受水的蒸发	1. 户外场地 2. 塑料瓶盖上戳洞洞,里面装满水	用水在地上画画,经过一段时间后观察水迹消失		尽量选择在夏季开展此活动
	2	风向、风速仪	感受风的方向和速度	幼儿自制风向、风速仪	在户外观察风向仪方向及风速仪转速与风的关系		
	3	天气预报	感知天气和气候	教师制作天气预报的小展板	播报每天的天气		
	4	变化的四季	初步感知四季的变化	春夏秋冬拼图各一套	通过观察拼图形状与画面的联系,拼出完整的画面		拼图背面做好不同的标记,避免混在一起

续表

年龄班	序列	活动名称	核心经验	材料	玩法	照片	其他说明
大班	1	水喷泉	感受大气压强	1. 大水盆 2. 矿泉水瓶（大小不同） 3. 在瓶身不同高度截上2—3个大小相同的洞	在矿泉水瓶里灌满水，观察、发现从瓶身不同高度的洞漏出的水柱有何区别		
	2	温度记录	感知气候的变化	温度记录图	1. 将每天的气温记录在温度记录图上 2. 长期记录后大家来观察气温的变化		持续记录一段时间后，教师和幼儿一起将温度绘制成曲线图，观察、对比不同季节的温度变化
	3	地球	初步认识地球	1. 地球仪一个 2. 放大镜一个	自由观察地球仪，了解地球		
	4	会变的月亮	感知月相，初步了解月亮的运动规律	1. 月亮圆缺的图片 2. 全范例、半范例、无范例底板	根据自己的需要选择不同难易程度的底板，将月亮圆缺的图片按顺序排列		结合观察活动、图书阅读后进行
	5	太阳、月亮、地球是怎么公转的	初步感知"三球"运动的规律	三球仪一台	操作三球仪，观察太阳、月亮、地球的位置变化		爱护仪器

数学区活动汇总表

数学区（数与量）活动汇总表

年龄班	序列	活动名称	核心经验	材料	玩法	照片	其他说明
小班	1	套娃	相关物体对应、大小排序	套娃玩具	将套娃的头和身体对应组合，再按大小排序		
	2	穿糖葫芦	大小排序	不同大小或形状的糖葫芦、糖葫芦串底板	根据已有的糖葫芦串底板有序排列相应大小的糖葫芦		配视频
	3	排大小	大小排序	底板、云朵图片	将大小不同的云朵图形进行大小排序		
	4	从小到大	形状对应、同种物体大小排序	有物体阴影的底板、同一物体的不同大小的磁力卡片	将小鱼和泡泡进行大小排序		

续表

年龄班	序列	活动名称	核心经验	材料	玩法	照片	其他说明
小班	5	瓶盖找朋友	大小对应	瓶口大小不同的瓶子若干	根据瓶盖、瓶身的大小不同进行配对		
	6	我是怎么上幼儿园的	按实物标记归类	幼儿标记牌、"我是怎么上幼儿园的"底板	根据自己入园乘坐的交通工具,将自己的标记牌插进对应的交通工具中		配视频
	7	果子找家	实物分类	各种形状、颜色、大小的果子若干、树形底板	根据果子的形状、颜色或大小分类,把它们插在某一棵树上,同一棵树上的果子有一个相同点		配视频
	8	喂豆豆	实物归类	各种小动物底板和相应的豆子卡片、各种豆子若干	将豆子按照标记牌上的标准进行归类		
	9	我有几条腿	等量匹配	各种小动物身体图片、点子标记	每种小动物有几条腿,就对应夹几个夹子		
	10	小甲虫的家	等量匹配	画有蘑菇的底纸、小甲虫图片若干	根据蘑菇上点子的数量,放相同数量的小甲虫在上面		

续表

年龄班	序列	活动名称	核心经验	材料	玩法	照片	其他说明
小班	11	捉小怪兽	按颜色归类	小怪兽造型、纸杯作为小怪兽的腿	根据小怪兽的腿的颜色，套相同颜色的圈，套住即为捉住小怪兽		
	12	保卫萝卜	等量匹配、5以内点数	点子骰子、印有5个"萝卜"的底板	一名幼儿投骰子，另一名幼儿根据骰子上的点数，用相同数量的身体部位保卫萝卜		用肢体动作进行数量感知
	13	打地鼠	等量匹配、5以内点数	地鼠底板、点子骰子	一名幼儿投骰子，另一名幼儿根据骰子上的点数，用相同数量的身体部位打地鼠		配视频
	14	喂小怪物	实物归类	不同颜色的小怪兽、不同颜色的瓶盖	按照小怪兽的颜色，对应喂相同颜色的"食物"，即瓶盖		

续表

年龄班	序列	活动名称	核心经验	材料	玩法	照片	其他说明
小班	15	装食品	5以内点数、数量对应	鸡蛋托、乒乓球、芸豆、勺子	根据盘子上的点子数量，挖对应数量的小球或豆子，装进蛋托中		练习手眼协调能力
	16	接篮	按照颜色及点数进行归类	自制篮筐一个、分别印有不同点数和不同颜色的篮筐、不同颜色做瓶盖做的球	按照颜色、点数投掷相同颜色的球		配视频
	17	送礼物	等量集合	印有点子的荷叶纸及相应的实物	按照点数，找出相应数量的礼物送给青蛙		配视频
	18	套指环	等量匹配、对应	印有点子的手形纸板、不同颜色的手指环型纸板、自制指环	1. 玩法一：按照点数，套相应数量的指环 2. 玩法二：根据颜色套相同颜色的指环		配视频
	19	我家有几口人	按点数归类	幼儿家庭成员合照	数出照片中有几个人，然后把照片放置在对应的点数下		配视频

续表

年龄班	序列	活动名称	核心经验	材料	玩法	照片	其他说明
中班	1	穿串珠	按规律排序	两种不同颜色的串珠、间隔的卡片	根据图片的间隔方法，按规律穿串珠		
	2	停车入库	感知数字1—10与数量之间的关系	底板、卡纸制作的小车若干	车身上的点子有几个，该车就停在几号车库内		配视频
	3	点卡翻翻乐	数的认识	点卡、网格、决定子、小纸杯	1.先将点卡放进格子中，两名幼儿记住每个格子里的点子数量，再用纸杯盖住点子数量。2.两名幼儿轮流猜每个格子里点子上的点子数，看谁猜得对		配视频
	4	安窗户	感知10以内数量依次递增的关系	点卡、底板、雪花片若干	1.为每栋楼房选花片当窗户，安满为止。摆了多少个花片，表给这栋楼房安了几扇窗户。2.数一数每栋楼房上窗户的数量，在楼房下放相应的点卡		配视频
	5	交通标记棋	感知6以内基数的意义	底纸、各种瓶盖上标记图、骰子、棋子两颗	两名幼儿先将所有的瓶盖排列在线路上，起点和终点处为固定瓶盖，其余瓶盖可按任意顺序排列		配视频
	6	掷骰子过草地	数的认识	游戏场景、数字骰子	两名幼儿轮流投骰子，并根据骰子上的点子数，合作摆出示相应数量的怪虫脚		配视频

续表

年龄班	序列	活动名称	核心经验	材料	玩法	照片	其他说明
中班	7	排序	高矮排序	高矮不同的松树卡片	按照松树的高矮排序		
	8	数物拼板	感知 1—10 的基数意义	点卡、数字卡、物品卡片	用数字卡、点卡、物品卡进行接龙游戏		配视频
	9	数字插钉	感知数字的外形特征，认识数字 1—10	插钉、写有数字笔顺的泡沫板	用插钉沿着数字的笔顺插插钉		
	10	数字排排队	感知数字顺序的意义	泡沫小球、塑料格子	将写有数字的泡沫小球按照顺序排列		
	11	数字拼图	感知数字的顺序	带有数字的图片拼图	根据数字的顺序将一幅图拼完整		

续表

年龄班	序列	活动名称	核心经验	材料	玩法	照片	其他说明
中班	12	占地盘	感知6以内的数量关系	雪花插片、骰子	两名幼儿轮流掷骰子，根据骰子的点数将雪花插片依次从自己的起点开始摆放		配视频
	13	蒙眼摸数字	感知数字的外形特征，认识数字1—10	有凹凸感的数字片、眼罩	一名幼儿带上眼罩摸数字并告诉他是数字几，另一名幼儿猜得对不对		配视频
	14	转转筒	数量关系	薯片筒，上面有不同的数字、物品图、点子	转动薯片筒，将相应的数字、物品、点子对齐		配视频
大班	1	比眼力	数的认识	自制图片	通过观察目测数群		配视频
	2	双数交通棋	数的认识	自制交通标志旗、骰子	投骰子，投掷到双数才能走棋		配视频

年龄班	序列	活动名称	核心经验	材料	玩法	照片	其他说明
	3	数鸭脚	按群计数	游戏底板、盖碗一个	一名幼儿用盖碗盖住一部分鸭子，另一名幼儿用两个一数的方法数一数剩下的鸭子一共有多少只脚		配视频
	4	一把抓几个	数量关系	开心果、杏仁等干果，小碟子	两人合作，根据物体的大小推测一把能抓多少个物品		配视频
大班	5	电影放映厅	认识10以内的单数、双数	自制电影放映厅，座位号按单数、双数排序	给班上幼儿排座位，理解单数、双数的意义，初步体验1—10单数、双数间隔排列的模式		配视频
	6	比大小	10以内数的大小关系	1—10的扑克牌，写有连续大于号的底纸	根据大于号、小于号，连续比较四个数的大小		配视频
	7	数字连连看	感知数的顺序	数字底板一份、水彩笔、抹布	将底纸上的数字按顺序连起来		配视频

62

续表

年龄班	序列	活动名称	核心经验	材料	玩法	照片	其他说明
大班	8	打电话	数的运算	自制底板及操作卡片	按卡片上算式的顺序算出结果，把数字连成号码，并找出号码的主人		配视频
	9	分花片	数的运算	数字骰子、雪花片若干	通过投骰子，根据投到的数字将数量等分		
	10	摇摇乐	数的运算	双色纽扣、透明盒子、白色记录单、水彩笔两支	1. 数数盒中有几颗纽扣，摇晃盒子，观察相同颜色的纽扣各有几颗 2. 用分合记录的方法记录摇到的结果		配视频
	11	开花啦	10以内数的运算	1. 底板：花蕊中有一个数字 2. 花瓣若干：每瓣花瓣上有一个算式，得数能与花蕊中的数字对应	计算花瓣上算式的得数，找到与得数对应的花蕊，把花瓣放在花蕊边，最终组成花朵		配视频
	12	结果子	10以内数的运算	自制加减法算式、大树造型	通过数字加减法，知道8、9、10的组合		

续表

年龄班	序列	活动名称	核心经验	材料	玩法	照片	其他说明
大班	13	硬币买生肖	认识常见的量	大盒子一个、塑料平台12个,十二生肖图片一套,1角、5角、1元纸币若干,骰子两个	根据生肖图片的价格用硬币与格,然后进行购买		配视频
	14	做时钟	认识时钟	各种时钟、一次性餐盘、毛根、安全钉、水彩笔	先在餐盘上写下1—12点的位置,在中心钉上安全钉,用毛根制作时针、分针		配视频
	15	时钟配对	认识时钟	自制钟表和时间卡	找出两张相同时间的相匹配的钟表		

数学区（形状与空间）活动汇总表

年龄班	序列	活动名称	核心经验	材料	玩法	照片	其他说明
小班	1	喂喂小动物	按照形状、大小归类	小动物造型(嘴巴形状、大小不同)、大小形状不同的纸片	根据饼干形状、大小喂不同的小动物		配视频

续表

年龄班	序列	活动名称	核心经验	材料	玩法	照片	其他说明
小班	2	铺石子路	以 AB 模式重复排列	两种颜色的圆形片片若干、小动物回家路线的底板	按 AB 模式摆放红、黄两种花片		配视频
	3	做元宵	颜色对应、以 AB 模式重复排列	不同颜色的弹力球、巧克力盒内衬	1. 按照颜色归类 2. 按照 AB 模式，摆两种颜色的球		
	4	毛毛虫	以 AB 模式重复排列	两种颜色的圆片片、毛毛虫身体（上面有魔术贴）	毛毛虫身上两种颜色的圆片按照 AB 模式排列		
	5	种花	以 AB 模式重复排列	泡沫花坛、可直立的小花若干	将两种颜色的小花按照 AB 模式插进花坛中		配视频
	6	晾衣服	以 AB 模式重复排列	相同数量的短裙、袜子若干、晾衣服底板	将袜子和短裙按照 AB 模式进行晾晒		

65

年龄班	序列	活动名称	核心经验	材料	玩法	照片	其他说明
小班	7	母鸡下蛋	以AB模式重复排列	鸡蛋壳、彩色弹力球、塑料勺子	用勺子将两种颜色的蛋按照母鸡身上的颜色标记放好		
	8	动作递密	以AB模式重复对应、数量、空间关系	两种颜色的地垫、动作图片（贴在地垫上）、箭头和点子图片（贴在地垫上）、骰子	可将两种颜色的地垫AB模式拼接，一名幼儿根据骰子上的点子数量跳过相应数量的垫子，另一名幼儿根据骰子上的点子数量的垫子，做相应的动作		如果跳在有箭头的垫子上，根据前面的箭头方向和上面的点子数量前进、后退 配视频
	9	小兔子运萝卜	以AB模式重复排列、按点数排序、等量集合	两种颜色的铁罐共六个、点子夹子（点子数量为1、2、3、4、5）、胡萝卜玩具若干、小兔子车头	将两种颜色的铁罐按照AB模式排列，第一节是火车头，在车厢上依次夹上点子夹子，最后按照点子数量在相对应的车厢里放相同数量的胡萝卜		
	10	摆摆乐	以AB模式或ABB模式重复排列	格子泡沫盒两组，红、蓝、黄、绿色积木若干、全范例图示若干张，小红旗一面	从小红旗标记处开始按照一定的规律摆放积木，或者根据提供的全范例图依次摆放		配视频
	11	图形转转乐	图形的认识	纸盘（上面贴着图形图片）、图形片若干	转到哪个图形就对应找出那个图形		

续表

年龄班	序列	活动名称	核心经验	材料	玩法	照片	其他说明
小班	12	图形跳跳乐	认识图形	地垫、图形骰子、图形石子若干（正方形、长方形、圆形，贴在地垫上）、小红旗	一名幼儿投骰子，另一名幼儿根据骰子上的图形跳到地垫的图形上，直至跳到终点		配视频
	13	拼拼乐	空间关系	用无纺布剪出不同形状的图形若干	用图形进行拼接与组合		
	14	铺地板	空间关系	用无纺布剪出不同形状的图形若干，大正方形格子	用不同的图形进行拼合，组成大正方形		
	15	小鳄鱼穿新衣	空间关系	蛋托、不同颜色的小球若干	将不同颜色的小球按照 AB 模式排列，放进蛋托中，或者按照其他的规律进行摆放		幼儿前期要有按 AB 模式排列物体的经验 配视频
	16	结果子	空间关系	月饼盒内衬、小球若干作为果子、游戏底纸（果子按照不同规律排列）	按照游戏卡上果子的位置对应摆放小球，即果子		配视频

续表

年龄班	序列	活动名称	核心经验	材料	玩法	照片	其他说明
小班	17	停车场	空间关系	泡沫网格，玩具小车，游戏底纸（层次一：停车场底纸上停满小车；层次二：停车场底纸上有空格）	按照游戏卡上小车的位置，在网格中相同的位置摆放玩具小车		配视频
	18	结丙瓜	空间关系	巧克力盒内衬、画有丙瓜的薄膜纸、玩具小丙瓜	在薄膜纸上丙瓜图下的格子里摆小丙瓜		配视频
中班	1	图形配对	认识几何图形	图形骰子、布垫	掷骰子，根据骰子上的形状，找到对应的图形卡片，放到格子里		配视频
	2	母鸡下蛋	空间关系	蛋托、龙眼、母鸡卡片、塑封纸	将母鸡卡片任意贴在塑封纸的格子中，然后根据母鸡所在的位置，在蛋盒的相应位置放一个蛋，最后将塑封纸盖在蛋盒上，检验母鸡下蛋的位置是否重合正确		配视频
	3	你转我猜	图形的认识（二维）	转盘、图形二维表	一名幼儿转动转盘，让另一名幼儿在二维表上找出相应的图形		配视频

续表

年龄班	序列	活动名称	核心经验	材料	玩法	照片	其他说明
中班	4	拼梯形	感知几何图形、图形组合	不同形状的图形片	利用不同的图形，组合拼出小车的车身		配视频
	5	拼拼小乌龟	图形之间的组合替换关系	三角形、菱形、梯形若干、小乌龟底纸	利用不同的图形，组合拼出六边形		配视频
大班	1	蹦图形	图形的认识	工字钉、皮筋	用皮筋蹦出不同图形		
	2	皮筋迷宫	感知空间关系	工字钉、小皮筋	用皮筋自制迷宫		配视频
	3	双维棋	利用坐标感知空间关系	自制双维表格、双色瓶盖棋子	根据横竖坐标上的数字及颜色标记，找到对应的位置		配视频

续表

年龄班	序列	活动名称	核心经验	材料	玩法	照片	其他说明
大班	4	移移乐	空间关系	拼图若干张	将拼图平移，直到所有块面均与底图吻合		
	5	蛋盒拼图	空间关系	幼儿刷好各色的蛋托并剪成不同形状	将不同形状的蛋托拼在底板上，盖住底板的颜色即可		配视频
	6	名画我来拼	空间关系	幼儿提前将蛋托刷好颜色（底板白色、黑色、蓝色、红色、黄色的蛋托），黑色剪成线条，其余红、黄、蓝的裁剪成不同大小的颜色块	将不同形状的蛋托拼出一幅红黄蓝作品		配视频
	7	小马过河	图形的认识	自制情境底板、图形卡片	按照图形及数字提示，将不同的图形卡片按照顺序放置在路线中		配视频
	8	猜猜有几个	空间测量	红黄蓝画若干幅，红、蓝色的毛球若干，红、蓝、白色的插钉若干	两人合作，各选一个色块。猜用多少个毛球或插钉能将色块填满。猜测数量最接近实际数量者获胜		配视频

续表

年龄班	序列	活动名称	核心经验	材料	玩法	照片	其他说明
大班	9	搭积木	空间关系	积木造型照片若干张、积木块（彩色与原木色）	根据照片上积木的位置，将积木块摆出相应的造型		配视频
	10	走迷宫	空间关系	APP 或迷宫图片	自制线上线下迷宫，能够顺利地从起点到达终点		
	11	趣味七巧板	空间关系	成套七巧板、计时器	能根据提示图案（有虚线、无虚线两种）拼搭出图案		配视频
	12	占地盘	空间测量	自制棋盘、可拼搭棋子	两名幼儿合作游戏，各拿 5 个方块进行轮流摆放，最终看谁的棋子无占的棋盘面积大		配视频
	13	装纸盒	空间测量	一个大框和若干大小、形状不同的小盒子	将大小、形状不同的若干小盒子，装进一个大框里，要全部装进去，没有多余，尽量整齐且空间分布合理		配视频

音乐区活动汇总表

音乐区歌唱活动汇总表

年龄班	序列	活动名称	核心经验	材料	玩法	照片	其他说明
小班	1	闪烁的小星星	跟着音乐一拍一下做小星星的动作,边唱边进行表演	教师提供音频文件	跟随音乐边唱边进行表演		
小班	2	我家有几口	跟唱歌曲《我家有几口》,根据歌词内容辨指头,数一数家里有几口人	教师提供音频文件	跟唱歌曲、边演唱边表演动作		
中班	1	今天我是值日生	根据歌词内容设计相应动作并用适度的音量进行演唱	教师提供音频文件	跟着歌曲边唱歌边做表演动作		
中班	2	拍手唱歌笑呵呵	跟随歌曲活泼欢快的旋律,边唱歌曲边与同伴用动作进行表演	教师提供音频文件	边唱边合作表演		

续表

年龄班	序列	活动名称	核心经验	材料	玩法	照片	其他说明
中班	3	三只猴子	跟随歌曲旋律，边唱歌曲，边分角色用动作进行表演	教师提供音频文件	边唱边合作表演		配视频
	4	石头剪刀布	跟随歌曲活泼欢快的旋律，边唱歌曲，边与同伴用动作进行表演	教师提供音频文件	边唱边合作表演		配视频
大班	1	小孩不小歌	能合乐唱曲并合乐地做表演动作	教师提供音频文件	随乐演唱歌曲，并做表演动作		
	2	戏说脸谱	初步欣赏京剧《戏说脸谱》回环、拖长腔的风格特点，尝试在理解歌词的基础上进行演唱	教师提供音频文件（歌曲录音、伴奏）	在初次尝试时可以跟随歌曲录音进行演唱。待熟练后，可跟随歌曲伴奏进行演唱，并尝试做京剧的表演动作		
	3	国旗红红的哩	学唱歌曲，并用合适的音量演唱	教师提供音频文件	听伴奏演唱歌曲		
	4	拉拉钩	自己根据歌词内容设计相应的互动动作并进行演唱	教师提供音频文件	跟着歌曲边唱歌边做表演动作		配视频

续表

年龄班	序列	活动名称	核心经验	材料	玩法	照片	其他说明
大班	5	逛公园	在每段的第一拍及时邀请一名家庭成员玩游戏	教师提供音频文件	跟着伴奏用适度的音量唱歌		配视频
	6	赛跑仗	根据已学过的动作进行游戏并用适度的音量进行演唱	教师提供音频文件与炮仗图片	跟着歌曲边唱歌边做动作、玩游戏		配视频
	7	草原小牧民	唱出歌曲活泼欢快的风格并创编有蒙古族特色的动作	教师提供音频文件	跟着音频伴奏用适度的音量唱歌		
	8	龟兔赛跑	模仿京腔并在歌曲过门处有节奏地跟着演唱	教师提供音频文件	跟着音频伴奏用适度的音量唱歌		配视频
	9	数青蛙	感受音乐欢快的风格，能较合拍地跟随音乐用适度的音量进行演唱	教师提供音频文件	跟随歌曲伴奏演唱		
	10	不再麻烦好妈妈	感受音乐欢快的风格，能较合拍地跟随音乐用适度的音量进行演唱	教师提供音频文件	跟随歌曲伴奏演唱		

续表

年龄班	序列	活动名称	核心经验	材料	玩法	照片	其他说明
大班	11	春天在哪里	根据歌词内容设计相应动作并用适度的音量进行演唱	教师提供音频文件	跟着歌曲边唱歌边做舞蹈动作		
大班	12	柳树姑娘	在演唱歌曲中注意歌曲的前后优美、欢快的情绪	教师提供音频文件	跟着音频伴奏用适度的音量唱歌		
大班	13	大吊车	欣赏歌曲，感受京歌回环、拖长腔的风格特点，尝试在理解歌词的基础上进行表演	教师提供音频文件	边听歌曲边演唱，可加入创编的京歌表演的动作		配视频

音乐区韵律活动汇总表

年龄班	序列	活动名称	核心经验	材料	玩法	照片	其他说明
小班	1	生活模仿动作	1. 迁移生活经验做刷牙、洗脸的动作 2. 感受音乐节奏，学习合音乐地一下一下地做动作	教师提供音频文件	跟随音乐的乐句，做生活模仿的动作		幼儿在集体教学活动中学习过，若没有前期经验，可以用动作视频（配视频）

续表

年龄班	序列	活动名称	核心经验	材料	玩法	照片	其他说明
小班	2	大树妈妈	能够跟随音乐合拍地做动作，感受歌曲的情绪情感	教师提供音频文件	随乐演唱歌曲，并做表演动作		
	3	宝贝宝贝	熟悉早操音乐，回忆做操时的动作，根据歌词模仿各种小动物，锻炼身体的灵活性	教师提供《宝贝宝贝》的早操视频和音频	跟随音乐进行早操表演		幼儿在早操中学习过《宝贝宝贝》，对动作基本熟悉，若没有前期提供早操视频
	4	围个圆圈走走	初步尝试与同伴合作完成舞蹈，感受手拉手围成圆圈朝一个方向转动	教师提供音频文件	跟随音乐和同伴围成圆圈进行表演		幼儿在集体活动中学习过《围个圆圈走走》，对动作基本熟悉。若没有前期经验，可以用舞蹈视频引导幼儿进行观察模仿学习（配视频）
	5	我爱你	观看视频，模仿视频中的人物动作，初步感受乐曲中愉快的气氛	教师提供《我爱你》的视频	点击"开始"按钮，模仿视频中的动作进行表演		
	6	功夫宝宝	观看视频，了解中国武术的特点，初步感受武术音乐、动作、服装等方面的特点	教师提供《功夫宝宝》的视频	点击"开始"按钮，模仿视频中的动作进行表演		

续表

年龄班	序列	活动名称	核心经验	材料	玩法	照片	其他说明
小班	7	小兔捉迷藏	合拍地用蹦跳步做兔跳的动作，迁移已有经验，用不同姿态表现花的造型	教师提供音频文件	跟随音乐分乐段进行表演		幼儿在集体教学活动中有相关游戏经验（配视频）
	8	网小鱼	感受乐段的不同风格，尝试合乐做相应游戏情境的动作	教师提供音频、视频文件	点击蓝色三角形按钮，模仿视频中的动作进行表演		配视频
	9	早操	学习跟随教师做早操	教师录制的早操视频	根据自身需要选择某一个早操操节进行练习		配视频
	10	摇元宵	跟随节奏一拍一下做摇元宵、固元宵的动作，体验做元宵的乐趣	教师弹奏并录制《摇元宵》的伴奏音频	根据录音文件进行律动		幼儿在集体教学活动中学习过"摇元宵"，对动作基本熟悉（配视频）
中班	1	让爱传出去	能够尝试自己看视频，跟着节奏学习早操动作	教师录制的视频	看着视频做早操		配视频

77

续表

年龄班	序列	活动名称	核心经验	材料	玩法	照片	其他说明
中班	2	郊游	熟悉旋律和歌词内容，能够边唱歌边表演，学跳踵趾动小跑步	教师投放的音频文件	跟着歌曲边唱歌边舞蹈动作		配视频
	3	小宝贝	能够尝试自己看视频，跟着节奏学习早操动作	教师录制的视频	看着视频做早操		配视频
	4	加加油	尝试自己看视频，模仿学习舞蹈动作	教师投放的视频文件	看着视频做动作		配视频
	5	地球欢迎您	能够尝试自己看视频，跟着节奏学习早操动作	教师录制的视频	看着视频做动作		配视频
	6	小猪睡觉	幼儿根据歌词内容设计相应动作并用适度的音量进行演唱，能够与同伴合作进行歌曲表演	教师投放的音频文件	听音频做动作		配视频

续表

年龄班	序列	活动名称	核心经验	材料	玩法	照片	其他说明
中班	7	化蝶	能够听懂音乐旋律,随乐做出蝴蝶和花的动作,并且能创编不同花的造型	教师投放的音频文件、图谱	一名幼儿当指挥指图谱,二名幼儿分角色当花儿和蝴蝶,玩好之后可以交换角色		配视频
	8	鞋匠舞	能够边唱边按照歌词的内容做出绕线、拉线、钉鞋的表演动作	教师投放的音频文件	一起跟随音乐边唱边做动作		配视频
	9	DADADA	能跟随教师的示范,学习早操的动作,并且创编前奏的动作	教师投放的视频文件	看视频学早操		配视频
大班	1	握手舞	跟随音乐的节奏,在相应乐句处合乐做动作,并能找到同伴握手、游戏	教师投放的音频文件	在音乐 A 段处双手叉腰,小碎步自由找朋友,在 B 段 × × 节奏型处和好朋友面对面拍手,接着自传一圈,重复拍手、自转动作一遍,接着根据乐句的长短握手。反复游戏,直至音乐结束		配视频
	2	小卓玛上学	感受音乐欢快的风格,学习用踏蹲步、三步一抬等舞步及甩袖动作表现藏族舞蹈的特点	教师投放的视频文件	看视频学跳舞		配视频

续表

年龄班	序列	活动名称	核心经验	材料	玩法	照片	其他说明
大班	3	月光下的凤尾竹	感受音乐优美、恬静的风格，学习用手臂动作以及身体造型表现傣族舞蹈的特点	教师投放的视频	看视频学跳舞蹈		
	4	虫儿飞	根据歌曲旋律的特点，做相应的舞蹈动作	教师投放的音频文件	听着音乐自由舞蹈		
	5	蒙古族舞蹈	尝试看视频，模仿演员的舞蹈动作	教师投放的视频文件	看着视频做动作		
	6	不息之河	根据歌曲旋律的特点，做相应的舞蹈动作	教师投放的音频文件	听着音乐自由舞蹈		
	7	掀起你的盖头来	感受音乐欢快的风格，能较合拍地跟随音乐做动作，并借助视频做动作示范与讲解，逐步感知新疆舞动作要领，乐意大胆表现	1. 教师投放的视频文件 2. 服装：新疆服、新疆帽	跟着歌曲边唱歌边做舞蹈动作		
	8	五人新疆舞	能较合拍地跟随音乐做进退步、垫步，表现新疆舞中托帽及转手腕等动作	1. 教师投放的视频文件 2. 服装：新疆服、新疆帽	跟着视频做动作		

续表

年龄班	序列	活动名称	核心经验	材料	玩法	照片	其他说明
大班	9	功夫操	能够尝试自己看视频，跟着节奏学习早操动作	教师录制的视频	看着视频做早操		配视频
	10	早操	能够尝试自己看视频，跟着节奏学习早操动作	教师录制的视频	看着视频做早操		配视频
	11	狮王进行曲	分辨音乐的结构，用模仿动作表现故事情节	教师投放的音频文件与图谱	看着图谱模仿动作		
	12	乐器（自由舞蹈的音乐）	1. 了解两种乐器的基本知识 2. 通过倾听同一首歌曲的演奏感受两种乐器音色的不同之处	教师录制的音频	与音频互动，听着音乐自由舞蹈		
	13	健康动起来	能够尝试自己看视频，跟着节奏学习早操动作	教师录制的视频	跟着视频做动作		配视频
	14	精忠报国	能够尝试自己看视频，跟着节奏学习早操动作	教师录制的视频	看着视频做动作		配视频

续表

年龄班	序列	活动名称	核心经验	材料	玩法	照片	其他说明
大班	15	国家	能够尝试自己看视频，跟着节奏学习早操动作	教师录制的视频	看着视频做早操		配视频
	16	早操"世界真美好"	能够尝试自己看视频，跟着节奏学习早操动作	教师录制的视频	看着视频做早操		

音乐区打击乐活动汇总表

年龄班	序列	活动名称	核心经验	材料	玩法	照片	其他说明
小班	1	我爱我的幼儿园	学习使用某一乐器合乐演奏	1. 多种乐器（沙锤、木鱼、铃鼓、碰铃等）2. 提供录制的视频和音频	1. 玩法一：跟随视频进行打击乐活动 2. 玩法二：跟着音频，自主选择乐器进行合乐演奏		玩法二需建立在幼儿已能熟练使用多种乐器并能合乐演奏的基础上
	2	大雨小雨	尝试通过看视频，跟随使用铃鼓、小铃等乐器进行合乐演奏	教师录制的音频、视频	幼儿模仿视频中的动作进行表演		可以先在集体活动中玩此活动（配视频）

续表

年龄班	序列	活动名称	核心经验	材料	玩法	照片	其他说明
中班	1	爷爷为我打月饼	能够根据不同的变化匹配不同的乐器进行演奏，知道听着音乐看指挥演奏	1.乐器：碰铃、圆舞板、铃鼓 2.图谱、音频	一名幼儿当指挥，其余幼儿各自拿着碰铃、圆舞板、铃鼓跟着音乐节奏敲击		配视频
中班	2	土耳其进行曲	能够看懂图谱，听音乐旋律，随乐演奏	教师投放的音频件、图谱	一名幼儿当指挥看图谱，其他3名幼儿分乐器演奏，玩好之后可以交换乐器		配视频
大班	1	木瓜恰恰恰	学习看图谱及指挥动作，尝试用各种乐器演奏	1.教师投放的音频文件 2.图谱	看着图谱进行演奏		
大班	2	纸杯会唱歌	欣赏用纸杯演奏的视频，感受生活物品在音乐活动中创造性的表现方式，并尝试与同伴配合，表现出一定的节奏型	1.教师投放的音频文件 2.演奏的视频	在欣赏的基础上自由探索让纸杯发出声音的方法并进行演奏		

美术区活动汇总表

核心目标

1. 初步感知自然界、周围事物和美术作品的造型、色彩和构图特征，并产生相应的情感与想象。

2. 初步学习用造型、色彩、构图等美术语言进行大胆地表现，有创造的意识。

3. 体验绘画活动的乐趣，能积极投入绘画活动。

4. 初步尝试不同绘画工具和材料的用法，形成良好的绘画习惯。

美术区绘画活动汇总表

年龄班	序列	活动名称	核心经验	材料	玩法	照片	其他说明
小班	1	秋天的水果（印画）	能用各种物品蘸颜料印画，表现秋天的水果，对色彩和不同印痕感兴趣并积极关注	1. 秋天水果的照片 2. 秋天水果（苹果、梨子、橘子） 3. 水粉颜料（红色、黄色、橙色） 4. 幼儿收集直径不同的物品 5. 大树背景	1. 选择一种物品蘸上颜料后，在画有大树的底纸上印果子，可反复操作，在不同的位置印果子。 2. 接颜色时，将手中的材料放回颜料罐中，再换一种颜色		

续表

年龄班	序列	活动名称	核心经验	材料	玩法	照片	其他说明
小班	2	秋天的树（手掌印画）	能用手掌蘸颜料印出手形树叶，表现秋天的树叶，感受色彩相嵌产生的奇异变化	1. 秋天的树图片 2. 大张白色铅画纸或者浅色云彩纸 3. 海绵颜料盒（红色、黄色、绿色） 4. 抹布 5. 画有大树造型的底纸	1. 选择一种颜色的颜料放入其中按压海绵，蘸上颜料后，在大树底纸上按压手掌。2. 换颜色操作时，先用抹布将手掌上已有的颜色擦干净		
	3	美丽的一串红（水粉画）	初步尝试用水粉笔绘画，表现一串红花朵相对生长的特征	1. 一串红图片 2. 一串红实物 3. 水粉颜料（红色、绿色、棕色） 4. 白色铅画纸 5. 油画笔	1. 观察一串红实物、图片，进行绘画。2. 鼓励幼儿表现天和泥土，让画面更丰富		
	4	各种各样的水果（水粉画）	进一步熟悉用刷子涂刷颜色，在盘子上较均匀地涂色，激发对色彩的兴趣	1. 水果图片 2. 水果实物 3. 白色圆盘 4. 水粉颜料（红色、黄色、橘色） 5. 刷子 6. 做好的绿色树叶	1. 欣赏图片和实物后，用刷子将盘子的两面都刷上一种颜色。2. 涂满之后，将叶子贴在盘子顶部		
	5	合印画：蝴蝶	用棉线蘸颜料进行印染，感受通过压印产生对称花纹的惊喜感	1. 蝴蝶图片 2. 蝴蝶底板若干种 3. 水粉颜料（红色、蓝色、粉色、黄色、绿色等） 4. 做好颜色标记的粗细棉线若干 5. 抹布	1. 欣赏蝴蝶翅膀上的花纹之后，用棉线蘸上颜料，放在蝴蝶翅膀上，用力对接一接，然后将翅膀打开。2. 换颜色时，先将棉线放回相应的颜料罐中，再换一根		

续表

年龄班	序列	活动名称	核心经验	材料	玩法	照片	其他说明
小班	6	自由画	大胆作画，感受与同伴共同作画的乐趣	1. 纸卷（宽47厘米）2. 花卷支架 3. 炫彩棒	1. 根据自己的兴趣，进行自由添鸦 2. 与同伴一起绘画		1. 这个活动可以在下学期持续开展 2. 幼儿绘画内容可以来自最近开展的主题，也可以是幼儿自己的兴趣 3. 可以用炫彩棒或者使用油画棒，建议使用炫彩棒，这便于幼儿抓握，利于上色
	7	美丽的烟花（水粉画）	用放射线、曲线等线条表现烟花，进一步掌握水粉笔的使用方法	1. 烟花照片 2. 白色底纸（幼儿贴好房子）3. 水粉颜料（红色、黄色、绿色等）	用短线条画出放射状的烟花		
	8	可爱的我（油画棒）	学习使用油画棒，迁移已有经验绘画五官	1. 幼儿照片 2. 纸盘、彩色卡纸（黄色、红色、蓝色、绿色）3. 油画棒	1. 观察自己的照片后，用纸盘作为脸，在纸盘上画上自己的鼻子、眼睛和嘴巴 2. 将纸盘制作的脸画贴在卡纸上，幼儿添画身体		
	9	各种各样的萝卜（水粉画）	进一步学习用水粉笔绘画，表现萝卜的外形特征	1. 萝卜照片 2. 实物萝卜 3. 素描纸 4. 油画笔 5. 水粉颜料（红色、绿色、蓝色、白色等）	观察萝卜并手绘画		

续表

年龄班	序列	活动名称	核心经验	材料	玩法	照片	其他说明
小班	10	圆圆的小鸡/小鸭（油画棒）	运用绕线圈的方法，绘画小鸡/小鸭圆圆的身体、脑袋	1. 小鸡/小鸭图片 2. 油画棒 3. 铝画纸、眼睛贴画	1. 用绕线圈的方式绘画小鸡/小鸭的头和身体 2. 画上嘴巴、脚，贴上眼睛 3. 可以画出草地的背景		
中班	1	仙人掌	尝试用椭圆形和短线条表现仙人掌的特点	1. 仙人掌图片 2. 油画笔 3. 水粉颜料：绿色（深绿、草绿、墨绿等）、黑色、白色、红色、黄色、粉色、紫色等 4. 8开素描纸或20厘米×30厘米油画板	1. 引导幼儿观察仙人掌图片，了解仙人掌的结构特征 2. 引导幼儿用深浅不同的绿色从下往上画仙人掌 3. 引导幼儿根据观察画仙人掌的刺和花 4. 引导幼儿添加背景		因实物有刺，教师观察时应提醒幼儿注意安全或提供图片让幼儿观察、欣赏
	2	我的老师（线描画）	在观察教师的基础上，运用线条表现教师的五官特征	1. 班级教师照片 2. 黑色勾线笔 3. 彩色打印纸（红色、绿色、蓝色、黄色、粉色）	引导幼儿观察班级教师的照片，了解教师的脸型、发型以及五官特征，并在此基础上进行绘画		需提供至少A4纸大小的照片，便于幼儿在区域内观察
	3	我的老师（水粉画）	运用色块和线条表现教师的五官特征和发型	1. 班级教师照片 2. 油画笔、丙烯颜料或水粉颜料（肉色、红色、蓝色、绿色、黄色、紫色、粉色等）	引导幼儿在观察班级教师五官特征的基础上进行绘画		引导幼儿按脸、脖子、衣服、发型、五官的顺序进行绘画，以避免因颜料不干，幼儿在添画时出现晕色的情况

年龄班	序列	活动名称	核心经验	材料	玩法	照片	其他说明
中班	4	菊花	尝试运用直线和曲线表现出不同菊花花瓣的特征	1. 菊花图片若干 2. 菊花实物若干 3. 纸盘 4. 油画笔、水粉颜料（绿色、红色、黄色、紫色、蓝色、粉色等）	1. 引导幼儿观察菊花的实物或图片，了解菊花的特征，尤其是菊花花瓣形状的多样性 2. 引导幼儿用直线、曲线绘画菊花的花瓣，并根据观察绘画菊花的叶子		教师提供的纸盘中间部分要光滑，方便幼儿在中间绘画
	5	光秃秃的树	运用长短、粗细不同的线条表现树干和树枝的特征	1. 光秃秃的树图片 2. 油画板或8开素描纸 3. 10号油画笔 4. 丙烯颜料或水粉颜料（深浅咖啡色、黑色、白色、黄色、橘色等）	1. 观察冬天的树，了解冬天树的特征 2. 引导幼儿用侧锋和正锋绘画光秃秃的树，表现树干的粗细		在欣赏的基础上，引导幼儿进行绘画。在欣赏幼儿园梧桐树、枫树、紫薇树等的基础上，欣赏不同造型的树（教师提供造型各异的树冠、树干的图片）
	6	蜡梅花	学习用吹画和手指点画的方法表现蜡梅花的基本特征	1. 蜡梅花图片 2. 纸盘、夹子 3. 墨汁 4. 吸管 5. 5号油画笔、水粉颜料（黄色）	1. 引导幼儿观察蜡梅花的图片 2. 用滴管在纸盘正面的下方滴2~3滴墨汁 3. 用吸管对着墨汁吹气 4. 等墨汁干后，用油画笔在蜡梅枝上点按梅花		

续表

年龄班	序列	活动名称	核心经验	材料	玩法	照片	其他说明
中班	7	水仙花（颜料画）	在观察实物的基础上，尝试用点、线和色块表现水仙花的主要特征	1. 水仙花两盆 2. 8开黑色卡纸 3. 油画笔（10号、6号）4. 水粉颜料（白色、绿色、黄色）	1. 引导幼儿观察水仙花实物，了解水仙花的构造以及形态特征 2. 引导幼儿按茎、叶、花（用点点按的方法，先画花芯再画花瓣）的顺序画水仙花		1. 画水仙花只需三种颜色，因此可将画笔插在颜料里，幼儿随取随用，用完放回相应的颜料瓶中 2. 白色颜料瓶里放10号和6号油画笔各一支，绿色颜料10号油画笔、黄色颜料瓶里放6号油画笔
	8	樱花（颜料画）	运用点彩画的方式表现樱花树的基本特征	1. 各种造型的樱花图片若干 2. 8开素描纸或油画板（20厘米×30厘米、30厘米×40厘米）3. 油画笔（10号、6号）4. 水粉颜料或丙烯颜料（咖啡色、白色、粉色、紫红色）5. 颜料盘、洗笔桶	1. 引导幼儿欣赏樱花实物或樱花图片，了解不同樱花树的造型 2. 根据绘画经验，引导幼儿绘画一棵、两棵或三棵樱花树，尝试初步的布局 3. 引导幼儿学习用白色和粉色调和不同的粉色，并用点点的方法画樱花		1. 可引导幼儿先画底色，再画主体内容，增加画面的完整感 2. 可提供深浅不同的绿色和6号油画笔，引导幼儿从上往下用边画边提速笔的方式画小草

续表

年龄班	序列	活动名称	核心经验	材料	玩法	照片	其他说明
中班	9	春天的花	在欣赏图片和实物的基础上，尝试运用水粉表现春天不同花的特征	1. 各种春天的花的实物图片和作品图片若干 2. 8开素描纸或作品油画板（20厘米×30厘米、30厘米×40厘米）3. 油画笔（10号、6号）4. 水粉颜料或丙烯颜料（咖啡色、白色、粉色、紫红色、蓝色、绿色等）5. 颜料盘、洗笔桶	1. 引导幼儿欣赏实物图和作品图 2. 引导幼儿用不同的颜色绘画底色，并尝试用两种颜色调制底色 3. 引导幼儿根据自己观察到的内容进行创作。重点引导幼儿观察花瓣的颜色，尝试运用重点以上颜色，用叠加两种的方法绘画花瓣		
	10	同心圆	在欣赏图片的基础上，尝试运用同种色或对比色绘画同心圆	1. 康定斯基《同心圆》一张 2. 油画板（30厘米×30厘米）3. 排刷、10号油画笔、各色丙烯颜料若干瓶	1. 引导幼儿欣赏《同心圆》图片，发现同心圆的规律 2. 引导幼儿用丙烯颜料绘画底色 3. 引导幼儿按从里往外或从外往里绘画同心圆。重点引导幼儿根据自己的底色选择相应的颜色画同心圆，学习深浅搭配的方法		可引导幼儿在绘画同心圆的基础上绘画同心三角形、同心方形、同心菱形等

续表

年龄班	序列	活动名称	核心经验	材料	玩法	照片	其他说明
中班	11	我画绘本	在欣赏绘本的基础上，尝试用线条和色块绘画自己感兴趣的画面	1. 图书区的绘本 2. 油画板或8开素描纸 3. 油画笔 4. 丙烯颜料或水粉颜料（肉色、红色、蓝色、绿色、黄色、紫色、粉色、白色、咖啡色等）	1. 引导幼儿选择自己喜欢的绘本画画 2. 引导幼儿根据绘本画面的内容先画白底色再画主体 3. 绘画过程中提醒幼儿等底色干了再画主体		可画《彩虹色的花》《我是霸王龙》等绘本
大班	1	脸谱	在欣赏图片和讨论的基础上，尝试用颜料绘画对称的京剧脸谱	1. 纸浆脸谱面具 2. 各色颜料 3. 油画笔	在白色纸浆脸谱面具上用水粉颜料装饰脸谱		
	2	青花瓷盘	初步感受青花白底青花的雅致美，并尝试用蓝色水彩笔在白盘上添画青花瓷盘的特点	白色纸盘、蓝色水彩笔	用蓝色水彩笔在白色纸盘上画出古典花纹		
	3	图腾柱	尝试用水粉颜料创造性地表现图腾柱上的人物五官	1. 油画笔 2. 各色水粉颜料 3. 8开黑色卡纸连接成一整张长纸条	事先欣赏过图腾柱的外形特征，利用各色颜料在黑色卡纸上画出图腾柱的主要特征，表现图腾柱		
	4	刮画鱼	尝试用点、线在刮画纸上表现鱼身上的花纹	1. 刮画纸 2. 刮画笔 3. 鱼形纸板	先用刮画笔沿着鱼形纸板在刮画纸上刮出鱼的外形轮廓，再用刮画笔刮画出线条装饰鱼身		

续表

年龄班	序列	活动名称	核心经验	材料	玩法	照片	其他说明
大班	5	糟糕的头发	通过使用不同粗细的油画笔画出直线、曲线、螺旋线等，表现糟糕狮子乱糟糟的头发	1. 油画笔 2. 贴有狮子头头的8开白色铅画纸 3. 水粉颜料（咖啡色、土黄色、黑色）	用油画笔蘸颜料，在贴有狮子底图的白纸上添画出狮子乱糟糟的头发		
	6	水墨画	尝试用毛笔画出春天树木的外形特征，并点画出花叶	1. 国画颜料 2. 墨汁 3. 毛笔 4. 裁剪成圆形、方形的宣纸	引导幼儿用浓墨、淡墨表现春天树木的外形特征，再用彩色颜料点画出树叶、花卉，表现春天		
	7	丹顶鹤	学习用颜料在画好风景的底图上表现丹顶鹤的不同姿态，并贴出丹顶鹤的眼睛和羽毛	1. 黑色、白色、红色水粉颜料 2. 油画笔 3. 胶水 4. 餐巾纸一盒 5. 刷好底色的8开底纸	先用黑色、白色、红色颜料画出丹顶鹤的外形特征，再将撕碎的餐巾纸贴在丹顶鹤的身体上，做出丹顶鹤蓬松的羽毛		
	8	自画像	通过观察自己的外貌，尝试把自己脸部的特征用绘画的形式表现出来	1. 8开底纸 2. 黑色记号笔 3. 油画棒 4. 镜子	引导幼儿观察镜子中的自己，先用黑色记号笔画出自己的面部特征，再用油画棒进行装饰		
	9	鸡（颜料画）	通过观察，尝试用水粉颜料创造性地表现鸡的不同姿态，并添画背景	1. 水粉颜料 2. 油画笔 3. 8开底纸	引导幼儿欣赏大师韩美林画的鸡，再进行创造性的表现		

美术区手工活动汇总表

核心目标

1. 大胆塑造和制作多种平面和立体的手工作品，美化周围环境，进行游戏活动。

2. 体验手工活动的乐趣，能积极投入手工活动。

3. 初步尝试不同手工工具和材料的基本使用方法，形成良好的手工活动习惯。

美术区折纸活动汇总表

年龄班	序列	活动名称	核心经验	材料	玩法	照片	其他说明
小班	1	漂亮的手帕	学习边角对齐的折叠方法	1. 彩色正方形纸 2. 折纸手帕步骤图	观察步骤图，折出手帕		
	2	奶牛场的门	进一步学习边角对齐的折叠方法，知道用指腹按压折痕处	1. 彩色正方形纸 2. 折奶牛场的门步骤图	观察步骤图，折出奶牛场的门		
	3	我的小被子	学习根据实物步骤图进行折叠	1. 彩色正方形纸 2. 折被子步骤图	观察步骤图，折出被子		
	4	可爱的小背心	迁移以往的折叠经验，学习翻折	1. 彩色正方形纸 2. 折背心步骤图 3. 圆形贴画（可当作纽扣）	1. 观察步骤图，折出背心 2. 用贴画当纽扣贴在折好的背心上		

续表

年龄班	序列	活动名称	核心经验	材料	玩法	照片	其他说明
小班	5	美丽的郁金香	学习从两角向中间折的方法	1. 彩色正方形纸 2. 折郁金香步骤图 3. 郁金香图片	按照步骤图，折出郁金香		
	6	可爱的小狗	学习将小狗的耳朵向下折叠，并画上小狗的五官	1. 彩色正方形纸 2. 折小狗步骤图 3. 小狗图片 4. 黑色水彩笔	1. 按照步骤图，折出小狗的头 2. 用黑色水彩笔画出小狗的眼睛、鼻子、嘴巴		
	7	我的小房子	学习看图示折叠、展开、压开的方法折叠房子	1. 彩色正方形纸 2. 折房子步骤图	按照步骤图，折出房子		
	8	快乐钢琴	学习按照步骤图，折叠钢琴，养成折后及时按压的习惯	1. 彩色正方形纸 2. 折钢琴步骤图	按照步骤图，折出钢琴		
	9	小簸箕（折纸）	在折钢琴的基础上，运用翻折的方法折簸箕	1. 彩色正方形纸 2. 折簸箕步骤图	按照步骤图，折出簸箕		

94

续表

年龄班	序列	活动名称	核心经验	材料	玩法	照片	其他说明
中班	1	我会看iPad折纸	学习看视频学折纸	1. 彩色正方形纸（15厘米×15厘米）2. iPad一台（装有"我会折纸"APP）	1. 学习"我会折纸"APP的操作方法 2. 根据视频演示学习折叠简单的物体		
	2	东南西北	学习用四角朝中心折的方法折叠出东南西北	1. 彩色正方形纸（15厘米×15厘米）2. 折纸步骤图	根据实物图示按步骤进行折叠，学习从四角朝中心折		
	3	上衣和裤子	在学习从四角朝中心折的基础上，翻折出上衣和裤子	1. 彩色正方形纸（15厘米×15厘米）2. 折纸步骤图	根据实物图示按步骤进行折叠，学习从四角朝中心折		
	4	照相机	学习从四角朝中心折，在翻折裤子的基础上，折叠出照相机	1. 彩色正方形纸（15厘米×15厘米）2. 折纸步骤图	根据实物图示按步骤进行折叠，学习从四角朝中心折		
	5	瓢虫	根据图示，运用对角的方法折叠出瓢虫	1. 彩色正方形纸（15厘米×15厘米）2. 折纸步骤图	1. 根据实物图示按步骤进行折叠 2. 添画瓢虫的眼睛和花纹		

续表

年龄班	序列	活动名称	核心经验	材料	玩法	照片	其他说明
	6	知了	进一步巩固对折叠符号的理解,尝试看着图独立完成作品	1. 彩色正方形纸(15厘米×15厘米) 2. 折纸步骤图	1. 根据实物图示按步骤进行折叠 2. 添画知了的花纹		
	7	雨伞	学习双三角的折叠方法	1. 彩色正方形纸(15厘米×15厘米) 2. 折纸步骤图	根据实物图示按步骤进行折叠,学习双三角的折法		
中班	8	樱花	学习用朝一角折的方法折叠出樱花	1. 彩色正方形纸(10厘米×10厘米、5厘米×5厘米) 2. 折纸步骤图	根据实物图示按步骤进行折叠		
	9	燕子	在折叠双三角的基础上翻折出燕子	1. 彩色正方形纸(15厘米×15厘米) 2. 折纸步骤图 3. 长条纸(5厘米×2厘米)	1. 根据实物图示按步骤进行折叠,学习在双三角的基础上折叠出燕子 2. 剪贴出燕子的尾巴		

续表

年龄班	序列	活动名称	核心经验	材料	玩法	照片	其他说明
中班	10	气球	在学习折叠双三角的基础上，折叠出皮球	1. 彩色正方形纸（15厘米×15厘米）2. 折纸步骤图	根据实物图示按步骤进行折叠，学习在折叠双三角的基础上折叠出气球		
	11	猴子上山	学习双正方的折叠方法，并根据图示折剪出小猴和山	1. 彩色正方形纸（15厘米×15厘米）2. 折纸步骤图	1. 根据实物图示按步骤进行折叠，学习折叠双正方 2. 用剪刀剪出小猴		
	12	狐狸头	学习折叠双正方，尝试看着图示折叠出狐狸头	1. 彩色正方形纸（15厘米×15厘米）2. 折纸步骤图	根据实物图示按步骤进行折叠，学习在折叠双正方的基础上折叠出狐狸头		
大班	1	盒子	通过观察折纸步骤图，理解折纸符号的意思，并尝试按步骤折叠出纸盒	1. 彩色正方形纸（15厘米×15厘米）2. 折纸步骤图	通过逐步观察APP中的折纸步骤，尝试按步骤折纸		
	2	宝塔	学习双三角的折法，折纸过程中能边角对齐，折叠出宝塔	1. 彩色正方形纸（15厘米×15厘米）2. 折纸步骤图	复习双三角的折法，并尝试观察步骤图逐步折出亭子，并将几个亭子接在一起，变出宝塔		
	3	兔子	进一步学习双三角的折法，折叠出兔子，并添画兔子的眼睛、嘴巴等	1. 彩色正方形纸（15厘米×15厘米）2. 折纸步骤图 3. 水彩笔	复习双三角的折法，并观察步骤图折出兔子的耳朵，然后用水彩笔添画兔子的眼睛等		

年龄班	序列	活动名称	核心经验	材料	玩法	照片	其他说明
大班	4	青蛙	在折叠双三角的基础上，继续学习看步骤图折叠出青蛙	1. 彩色正方形纸（15厘米×15厘米） 2. 折纸步骤图 3. 水彩笔	在折叠出双三角的基础上，继续学习看步骤图折叠出青蛙		
	5	马	学习双菱形的折叠方法，能看步骤图和范例折叠出马	1. 彩色正方形纸（15厘米×15厘米） 2. 折纸步骤图	学习双菱形的折叠方法，并通过观察折叠步骤图，尝试折叠出马		
	6	飞机	进一步学习从四角向中心折的方法，并用拼插组合的方法折叠出飞机	1. 彩色正方形纸（15厘米×15厘米） 2. 折纸步骤图	观察飞机的折叠步骤图，然后分别折叠出飞机的五个部分，再组合成一架飞机		
	7	百合花	尝试用双菱形的方法翻折出百合花，并尝试借助工具将花瓣变卷	1. 彩色正方形纸（15厘米×15厘米） 2. 折纸步骤图	看图示，学折百合花		
	8	船	通过观察折纸步骤图，掌握折纸船的方法，并尝试折叠出纸船	1. 彩色正方形纸（15厘米×15厘米） 2. 折纸步骤图	观察图示，学折小船		

美术区泥工活动汇总表

年龄班	序列	活动名称	核心经验	材料	玩法	照片	其他说明
小班	1	甜甜的棒棒糖	能用揉、团、捏等方法制作棒棒糖,感知彩泥的特性及泥工活动的乐趣	1. 彩色纸黏土 2. 吸管 3. 彩色棒棒糖图片	1. 将一团纸黏土团成圆形 2. 将吸管插入纸黏土圆球,作为棒棒糖的管子		
	2	秋天的水果	能用揉、按、团、压等方法表现秋天水果的外形的特性	1. 红色、绿色、黄色、橘色纸黏土 2. 冬青树叶 3. 实物水果:苹果(红色、绿色)、黄色)、橘子 4. 苹果、橘子图片 5. 制作纸黏土苹果(橘子)的步骤图	1. 先观察实物水果,再按照步骤图,做出水果(苹果、橘子) 2. 将树叶插在水果的顶端		
	3	胡萝卜	能用搓、揉等方法制作胡萝卜,表现胡萝卜一头圆,一头尖的外形特征	1. 橘色纸黏土 2. 叶子 3. 实物胡萝卜 4. 胡萝卜图片 5. 制作胡萝卜的步骤图	1. 先观察实物胡萝卜,再按照步骤图,做出胡萝卜 2. 将叶子放在胡萝卜上面进行装饰		
	4	彩色雨花石	用多种颜色的纸黏土制作雨花石,感受纸黏土混色之后的神奇变化	1. 彩色纸黏土 2. 雨花石图片 3. 制作纸黏土雨花石的步骤图	分别取两种颜色的纸黏土,将它们混在一起,团圆		

续表

年龄班	序列	活动名称	核心经验	材料	玩法	照片	其他说明
小班	5	香肠	用吸管、纸黏土和长条纸组合的方式，卷成热狗的外形	1.纸黏土 2.长条纸 3.吸管 4.制作黏土香肠的步骤图	按照步骤图，制作香肠		
	6	玫瑰花	用团圆、压扁、卷的方法制作玫瑰花	1.彩色纸黏土 2.吸管 3.制作纸黏土玫瑰花的步骤图 4.玫瑰花图片和实物	按照步骤图，制作玫瑰花		
	7	麻花	用搓长、盘绕、拧等方式制作麻花，进一步感受纸黏土的特性	1.两种颜色的油泥 2.制作纸黏土麻花的步骤图 3.麻花实物	观察步骤图，制作麻花		
	8	饺子	用团圆、压扁等方法制作饺子皮，并能将馅包进皮中	1.彩色纸黏土 2.饺子图片 3.制作纸黏土饺子的步骤图	观察步骤图，制作饺子		
	9	鸭子	用团、压、捏等方法制作鸭子，并能表现出嘴巴和尾巴扁扁的鸭子的特征	1.黄色纸黏土 2.活动眼睛 3.制作纸黏土鸭子的步骤图 4.鸭子图片	1.根据步骤图，制作鸭子 2.将活动眼睛安在鸭子头部		
中班	1	蜗牛	学习用团圆、搓长、盘的方法制作蜗牛	1.各色油泥或纸黏土若干 2.泥工板	1.观察图片或实物，了解蜗牛的外形特征 2.制作蜗牛		

续表

年龄班	序列	活动名称	核心经验	材料	玩法	照片	其他说明
中班	2	蝴蝶	学习用团、压、搓、累加等方法制作蝴蝶	1.蝴蝶的图片若干 2.各色纸黏土，分类装入盒中	在观察图片，了解蝴蝶的外形特征基础上尝试制作蝴蝶		
	3	瓢虫	学习用团、压、搓、累加等方法制作瓢虫	1.瓢虫的图片 2.各色纸黏土，分类装入盒中	在观察图片，了解瓢虫的外形特征基础上，运用多种方法制作瓢虫		
	4	鸭子	学习分泥、捏、累加、连接的方法制作鸭子	1.鸭子的图片 2.黄色、黑色纸黏土，分类装入盒中	在观察图片，了解鸭子的外形特征基础上，运用多种方法制作鸭子		
	5	花	尝试用团、压、搓、累加等方法制作各种造型的花	1.各种花的图片 2.各种颜色纸黏土，分类装入盒中 3.绿色吸管 4.插花的花架	1.观察各种花的图片 2.运用不同泥工方法制作不同造型的花		
	6	小熊	尝试用分泥、团圆、搓长等方法制作小熊	1.小熊的图片 2.各色纸黏土，分类装入盒中 3.挂环	1.欣赏不同姿态的小熊 2.尝试用多种泥工方法制作小熊		

续表

年龄班	序列	活动名称	核心经验	材料	玩法	照片	其他说明
中班	7	蛋糕	尝试用团、压、搓、累加等方法制作蛋糕	1. 蛋糕的图片 2. 各色纸黏土，分类装入盒中	1. 欣赏不同造型的蛋糕 2. 运用多种泥工方法表现不同造型的蛋糕		
大班	1	图腾柱	学习用叠加、围合、盘塑等方法组合制作人物的五官	1. 各色纸黏土 2. 纸黏土工具 3. 泥工板 4. A4纸连接成长条状	观察图腾柱的特点，学习用纸黏土叠加、围合、盘塑等方法夸张变形地表现柱上人脸的形象		
	2	猪	学习在一块圆圆的纸黏土上捏出猪的鼻子、耳朵、尾巴、腿	1. 各色纸黏土 2. 纸黏土工具 3. 泥工板 4. 猪的图片	将纸黏土揉成椭圆状，用工具在纸黏土一侧压出十字形，分别做猪的四只脚，再在另一侧捏出猪的面部特征及尾巴		
	3	十二生肖	通过观察十二生肖中各种动物的外形特征，尝试用纸黏土创造性地表现各种动物的特征	1. 各色纸黏土 2. 纸黏土工具 3. 泥工板 4. 十二生肖的图片	在熟悉十二生肖的基础上，用纸黏土创造性地表现十二生肖的外形特征		
	4	角色游戏材料	尝试迁移生活经验，用纸黏土创造性地表现食物的外形特征	1. 各色纸黏土 2. 纸黏土工具 3. 泥工板 4. 纸碗、果冻壳、纸盒等	迁移生活经验，利用纸黏土制作幼儿需要的角色游戏材料，如寿司、包子、冰淇淋、蛋糕等		

续表

年龄班	序列	活动名称	核心经验	材料	玩法	照片	其他说明
大班	5	虎	学习用累加、盘塑、围合等方法组合制作老虎身上的花纹	1. 压膜过的老虎剪影底板 2. 各色油泥 3. 泥工板	在底板上用油泥表现老虎的外形特征		
	6	陶泥花瓶	用陶泥制作各种造型的花瓶，并用颜料为花瓶上色	1. 做陶罐 APP 2. 转盘 3. 工具 4. 陶泥 5. 油画笔 6. 各色颜料	在玩过"做陶罐"APP的基础上，利用实物进行创意制作，用自己的方法表现不同的陶泥花瓶		
	7	海底世界	尝试用搓长、累加、围圆等方法，表现大海里水草、鱼群等特点	1. 各色纸黏土 2. 透明鱼缸 3. 海底世界的实物图	用纸黏土表现海底的水草、鱼类等，并粘贴在透明鱼缸上		
	8	少数民族	了解少数民族的主要特点，尝试用纸黏土表现其服饰、发型特征	1. 少数民族人物图片 2. 各色纸黏土 3. 工具	通过欣赏少数民族人物的图片，创造性地用纸黏土表现少数民族的人物		

美术区小制作活动汇总表

年龄班	序列	活动名称	核心经验	材料	玩法	照片	其他说明
小班	1	大大的奶牛	学习将圆形贴纸重叠、贴在奶牛身上，感受多种颜色混合组合后的美	1. 大纸盒 2. 圆形贴画、奶牛图片	1. 将圆形纸贴贴在奶牛的身体和头上，作为装饰 2. 将头和身体组合起来		可作为娃娃家的牛奶站场景
	2	可爱的兔子	学习用剪刀剪短直线，学习剪刀的用法	1. 纸盒 2. 彩色纸（画有直线） 3. 剪刀、糨糊	1. 用剪刀沿画好的线剪出小兔子的毛 2. 将剪好的兔毛贴在兔子身上		
	3	一串红花园	学习拧、捏皱纹纸，做成一串红的花朵	1. 红色、黄色皱纹纸 2. 吸管 3. 纸巾盒（里面放泡沫） 4. 一串红图片	用大拇指和食指将方形纸拧成蝴蝶结贴在蝴蝶结吸管上		
	4	秋天的果树	能用抓、捏、团等方式制作小纸团，同种颜色的纸团鉴进一个小瓶子里，关注并认识常见颜色	1. 小瓶子 2. 彩色皱纹纸 3. 苹果、橘子、梨子图片	1. 将皱纹纸团成小圆球塞进瓶子里 2. 将瓶子悬挂在美术区		
	5	好吃的水果	运用团、捏等方式制作小纸球，贴在相应颜色的彩纸上，进一步认识颜色	1. 教师准备好苹果、梨子、橘子、葡萄的底板 2. 彩色皱纹纸 3. 糨糊	1. 将皱纹纸团成小圆球 2. 用糨糊将纸团贴在盘子上		

续表

年龄班	序列	活动名称	核心经验	材料	玩法	照片	其他说明
小班	6	快乐圣诞树	学习在纸碗上涂刷颜色，并将彩色纸屑均匀撒在碗上	1. 一次性纸碗 2. 颜料（绿色） 3. 刷子 4. 绿色丝带、彩色纸屑	1. 用绿色颜料将小碗刷满 2. 在小碗上撒上彩色纸屑 3. 在小碗中间戳洞，用丝带将小碗穿在一起		
	7	红红的灯笼	均匀地将颜料涂刷在纸碗内外，进一步熟悉刷子的使用方法	1. 一次性纸碗 2. 红色颜料 3. 刷子 4. 红色丝带 5. 红色穗子 6. 订书机 7. 灯笼图片	1. 在小碗外刷上红色颜料 2. 在红色小碗上点上黄色点子 3. 将两个小碗碗边钉在一起		
	8	春天的花	纸条弯折后，将两头贴起来，制作花瓣，组合成一朵花	1. 彩色纸 2. 圆片（幼儿用压花机压好） 3. 胶棒	1. 将长条纸首尾相粘，做成花瓣 2. 将五片以上的花瓣贴在圆片上		
	9	果树（纽扣贴画）	把纽扣贴在树枝上，制作成各种各样的果树，感受圆圆的纽扣组合之后的美	1. 纽扣 2. 贴上即贴的底板 3. 果树图片	1. 幼儿观察果树照片，选择自己喜欢的纽扣进行粘贴 2. 将纽扣按照一定的规律进行粘贴		

续表

年龄班	序列	活动名称	核心经验	材料	玩法	照片	其他说明
小班	10	可爱的蝌蚪	用瓜子作为蝌蚪的头，进行添画，感受想象画画的乐趣	1. 蝌蚪实物 2. 瓜子 3. 乳胶 4. 棉签 5. 幼儿刷好浅蓝色底色的铅画纸	1. 将瓜子贴在底板上 2. 用黑色水彩笔画细细的曲线表现蝌蚪的尾巴		
中班	1	毛毛虫1	学习用卷贴和穿的方法制作毛毛虫	1. 圆形卡纸若干 2. 长方形彩色纸（身体、头部）3. 黑色水笔 4. 软铜丝	1. 尝试用长方形彩纸围合粘贴作毛毛虫的身体 2. 用软铜丝将彩色圆形卡纸间隔用的方法穿起来，并添上眼睛和嘴巴		
	2	蜗牛	尝试用中心花纹的装饰方法装饰蜗牛的外壳	1. 纸盘 2. 蜗牛的身体打孔纸盘上 3. 各种形状颜色、大小不同的纸片若干（三角形、圆形、椭圆形、长方形、半圆形）4. 胶棒	尝试用各种形状的图形片装饰蜗牛的外壳		
	3	毛毛虫2	尝试在蛋托上，用涂刷颜料和穿毛根的方法表现毛毛虫的特征	1. 裁成长条状蛋托若干 2. 毛根 3. 颜料 4. 刷子	1. 在长条蛋托上涂颜料 2. 在长条蛋托的一端和两侧穿插毛根，表现毛毛虫的头部、触角和脚		

续表

年龄班	序列	活动名称	核心经验	材料	玩法	照片	其他说明
中班	4	蝴蝶	学习用正反折叠的方法制作蝴蝶	1. 无纺布 2. 毛根	1. 折叠正方形无纺布，制作蝴蝶的身体 2. 用毛根缠绕在蝴蝶身体的中间起到固定的作用，并将毛根的两头弯曲表现蝴蝶的触角		
	5	豆子贴画	运用不同颜色和造型的豆子拼出各种造型，表现事物的特征	1. 分类盒中提供常见的豆类，如黄豆、红豆、绿豆、黑豆、蚕豆等 2. 即时贴贴底板（粘贴面朝上）	1. 思考所要表现的内容 2. 用不同颜色的豆子表现事物各部分的特征		
	6	相框	尝试用纸黏土和各种材料组合制作出不同造型的相框	1. 黑色KT板 2. 白色纸黏土 3. 吸管、纽扣、回形针等 4. 幼儿妈妈的照片	1. 尝试用白色纸黏土通过团、搓、压等方法制作边框 2. 用纽扣、吸管、回形针等装饰相框		

107

续表

年龄班	序列	活动名称	核心经验	材料	玩法	照片	其他说明
中班	7	春天的花	尝试用剪、画、粘贴的方法制作藤蔓和花朵	1. 绿色圆形卡纸（直径20厘米），在上面画好螺旋线 2. 各色花瓣半圆形纸片若干，大小不一 3. 绿色半圆形纸片 4. 胶棒	1. 尝试在绿色卡纸上剪螺旋线，制作长长的藤条 2. 将2～3张大小不一的花瓣形纸片分别围合粘贴做成花朵，然后从小到大套在一起开粘贴 3. 将花瓣粘贴在藤条上		
	8	拖拉玩具	学习将圆形贴纸、卡纸、活动眼球等材料粘贴在塑料瓶上制作成小猪	1. 塑料瓶 2. 卡纸 3. 圆形贴纸 4. 活动眼球	1. 将眼球和耳朵粘贴在瓶子上 2. 用各种颜色的圆形贴纸装饰小猪的身体 3. 将缎带系在小猪的鼻子上		
	9	饭勺娃娃	学习用饭勺和各种辅助材料，通过组合、拼贴等方法制作饭勺娃娃	1. 饭勺 2. 夹子、吸管、毛根、纽扣、回形针、皱纹纸、羽毛等不同材料	1. 用不同材料表现饭勺娃娃的五官和发型 2. 用不同材料表现饭勺娃娃的不同姿态		

续表

年龄班	序列	活动名称	核心经验	材料	玩法	照片	其他说明
大班	1	六面灯笼	学习把正方形纸用折叠、粘贴的方法制作六面灯笼	1. 15厘米×15厘米的正方形彩色纸六张 2. 水彩笔 3. 胶棒	观察六面灯笼成品，探索从四角向中心折，并将每张折过的纸四角贴在一起，组合成六面灯笼的方法		
	2	玉米	尝试用正方形纸折出盒子，并贴在一起表现整根玉米的形态	1. 15厘米×15厘米的正方形黄色纸 2. 绿色彩纸 3. 胶水	用黄色纸折出若干个小盒子，再将绿色纸做成的叶子及黄色纸条状的玉米穗和黄色盒子贴在一起，组合成玉米		
	3	锡纸树叶	学习用锡纸覆盖住树叶，并用抹平线条的方法拓印出树叶的形状及叶脉纹理	1. 实物树叶 2. 锡纸	将锡纸包裹住树叶，并用按、压、抹的方法在锡纸上将叶片上的纹理凸显出来		
	4	红黄蓝锡纸画	尝试用锡纸土包裹住纸板，并在捏出纹理的表面中涂上颜色，表现红黄蓝块面的构图	1. 红、黄、蓝、黑色颜料 2. 油画笔 3. 锡纸 4. 长方形纸板 5. 纸黏土	先用纸黏土在纸板上分割出大小不一的形状块面，然后用锡纸覆盖在纸板上，将底板包裹起来并捏出形状块状的轮廓，最好在分割好形状块状的三色在锡纸底板上进行创意绘画		

续表

年龄班	序列	活动名称	核心经验	材料	玩法	照片	其他说明
大班	5	纸袋树	学习用撕、拧、卷等方法将纸袋塑形成树的形态，并用油泥团圆贴出果子	1. 纸袋 2. 各色纸黏土	用撕、拧、折等方法将纸袋制作成树的形象，再把纸黏土团出的果子贴在树枝上		
	6	蛋托花	尝试用纽扣、毛根穿过蛋托，表现花蕊和花瓣	1. 毛根、纽扣 2. 涂好颜色剪成单个的蛋托	用毛根穿过纽扣的两个洞眼，再穿过蛋托中心，并固定住，形成花的外形		
	7	蛋托娃娃	能够选择各种各样的材料，在蛋托上创造性地表现五官	1. 蛋托 2. 各色颜料 3. 剪刀、胶水 4. 油画笔、彩色纸、毛球、瓶盖、纽扣等	利用各种材料在蛋托上创意组合，制作出不同的娃娃脸造型		
	8	摇摇乐	在纸盘上探索空并剪出半圆形弧线的方法，尝试制作摇摇乐	1. 水彩笔 2. 蛋糕纸盘 3. 剪刀	先将一次性纸盘对折，然后沿着纸盘边剪出半个圆弧，剪到折线，留出半个圆纸盘边框，将半个纸盘边框向后折，再在小圆上画出动物或人物形象		
	9	新疆帽	通过欣赏新疆帽，了解新疆帽上花纹的特点，尝试用各种材料装饰新疆帽	1. 水彩笔、剪刀、胶棒 2. 折好的新疆帽 3. 彩色纸绳 4. 新疆帽实物	用水彩笔在新疆帽上装饰花纹，并贴上彩色纸绳		

续表

年龄班	序列	活动名称	核心经验	材料	玩法	照片	其他说明
大班	10	风信子	学习用吸管将纸条卷成卷曲状，并逐层层贴在吸管上，表现风信子的特点	1. 15 厘米×5 厘米的长方形彩色纸 2. 吸管 3. 剪刀、双面胶	在长方形纸一端的长边上贴双面胶，然后从另一端长边开始沿直线剪纸条，从短边剪到另一端，开始剪到双面胶的位置停止，接着用吸管将纸条卷一卷，最后将双面胶撕下来，缠绕贴在吸管上		
	11	剪纸十二生肖	能根据生肖底板外形的特征，在描画轮廓、添画花纹的基础上进行剪纸活动	1. 4 开的黑色卡纸 2. 红色蜡光纸 3. 剪刀、胶棒 4. 十二生肖模板 5. 十二生肖图片	根据生肖模板外形的特征，在描画轮廓、添画花纹的基础上进行剪纸装饰，表现十二生肖的特征		
	12	红、黄、蓝动物画	利用红、黄、蓝三色的水彩笔装饰动物底图，并和底纸进行组合，体现红、黄、蓝的元素特点	1. 8 开黑色卡纸 2. 红、黄、蓝三色彩色纸条 3. 剪刀、胶水 4. 白色动物剪影底纸 5. 红、黄、蓝、黑色水彩笔	用黑色水彩笔将动物底纸分割成不同的形状块面，再利用红、黄、蓝三色水彩笔进行色块的创意填色装饰，并用小块纸条装饰边框		